Werner Lantermann

Nymphensittiche

Nymphensittiche

Artgerechte Haltung, Pflege und Zucht

Von Werner Lantermann

Verlagshaus Reutlingen · Oertel + Spörer

Haftungsausschluss

Die Hinweise in diesem Buch stammen von dem Autor.
Es können jedoch keinerlei Garantien übernommen werden.
Eine Haftung des Autors bzw. des Verlages und seiner Beauftragten für Personen-, Sach- und Vermögensschäden ist ausgeschlossen.

Die Deutsche Bibliothek – CIP-Einheitsaufnahme

Lantermann, Werner:
Nymphensittiche : artgerechte Haltung, Pflege und Zucht / von Werner Lantermann. –
Reutlingen : Verl.-Haus Reutlingen, Oertel und Spörer, 1999
ISBN 3-88627-231-1

Postfach 16 42 · 72706 Reutlingen

Lektorat: Dr. Gabriele Lehari, Reutlingen
Schrift: 10/12 p Stone
Satz: typoscript GmbH, Kirchentellinsfurt
Reproduktionen: Oertel + Spörer, Reutlingen
Druck: Oertel + Spörer, Reutlingen
Einband: Heinrich Koch, Tübingen
Printed in Germany
ISBN 3-88627-231-1

Vorwort

Wenn ich nach knapp zwei Jahrzehnten der Beschäftigung mit den so genannten Großpapageien nun ein populäres Buch über die Haltung und die Zucht des Nymphensittichs vorlege, dann geschieht dies aus dreierlei Gründen.

Zum einen ist der Nymphensittich leicht züchtbar, so dass die Nachfrage nach Jungvögeln dieser Art stets durch Inlandszuchten zu decken ist. Es werden somit keine Wildvögel mehr der Natur entnommen und unter skandalösen Fang-, Transport- und Quarantänebedingungen – wie dies bei vielen Papageienimporten heute immer noch an der Tagesordnung ist – nach Europa gebracht. Unter anderem deshalb ist der Nymphensittichbestand in freier Natur gesichert und Artenschutzprobleme bestehen nicht. Im Gegenteil: Die vermehrte Haltung von Nymphensittichen könnte stattdessen sogar eine Entlastung des Handels mit gefährdeten und vom Aussterben bedrohten Sittichen und Papageien nach sich ziehen. Damit wäre auch den Naturschützern ein wichtiges Argument an die Hand gegeben, um die Papageienhaltung in bestimmten Grenzen nach wie vor für vertretbar halten zu können.

Für weitere australische Sittiche, manche Arten von Unzertrennlichen und Sperlingspapageien gilt dieses Argument in ähnlicher Weise.

Zweitens ist die Haltung von Nymphensittichen auch aus der Sicht des Tierschutzes vertretbar – sowohl paarweise in geräumigen Käfigen als auch paar- oder gruppenweise in Volieren lässt sich auch auf begrenztem Raum relativ leicht ein artgemäßes Haltungssystem schaffen. Die Kenntnisse über die Pflegeansprüche des Nymphensittichs sind so weit gediehen, dass seine Haltung guten Gewissens empfohlen werden kann.

Drittens schließlich wurde der Nymphensittich über Jahrzehnte züchterischer Auswahlzucht an die Verhältnisse in Menschenobhut angepasst: Er ist zu einer Art Haustier geworden.

Dies belegen u. a. die diversen Farbschläge, die bei der Nymphensittichzucht entstanden sind. So unerwünscht nun solche Erscheinungen bei Zuchtprojekten zur Arterhaltung sind, so wenig stellen sich diese Probleme beim Nymphensittich. Durch fortwährende Selektionszucht ist der Nymphensittich heute dem Hausstand bestens angepasst, er ist widerstandsfähig gegen Krankheiten, kaum frostempfindlich, wird schnell vertraut mit dem Pfleger und bietet darüber hinaus dem Farbzüchter ein reiches Betätigungsfeld.

So ist der Nymphensittich gegenüber der Wildform durch die Zucht in Menschenobhut vielfach verändert worden und die vielen Vögel stellten gewissermaßen eine isolierte „Gefangenschaftspopulation" dar. Vögel dieser angepassten Haustierform sind für die Haltung weitaus besser geeignet als die meisten Wildvögel unter den Sittichen. Ihre Haltung kann demnach bedenkenlos empfohlen werden, sofern die Haltungsbedingungen tiergerecht gestaltet werden und die Zuchtziele (z. B. bei der Farbzucht) nicht zu Erbschäden führen, die die Vögel in ihrem Wohlbefinden beeinträchtigen. Dass sich Vögel aus dieser „Gefangenschaftspopulation" natürlich nicht für so genannte Arterhaltungsprojekte oder gar für Wiederausbürgerungsversuche eignen (die für Nymphensittiche hoffentlich nie notwendig werden), bedarf an dieser Stelle vermutlich kaum einer Erwähnung.

Bei der Entstehung dieses Buches habe ich von verschiedener Seite Hilfe erfahren. Herr Dr. J. *Lee Kavanau*, Cornell-Universität New York, überließ mir freundlicherweise ein Exemplar seines umfänglichen Forschungsberichtes über Evolution und Verhalten des Nymphensittichs. Die Thyssen-AG Duisburg stellte von 1990–1994 eine großräumige Volierenanlage für die Haltung und Beobachtung von Nymphensittichen und anderen Papageien bereit. Herr *Siegfried Müller* (Hünxe) unterstützte mich dort bei meinen Fotoarbeiten. Herrn *Theo Pagel* (Zoo Köln) verdanke ich aktuelle Informationen über die Schauklassen, Käfiggrößen und Nachzuchten des Nymphensittichs nach den Vorgaben und Erhebungen der AZ. Frau *Daniela Menzel* (Oberhausen) erstellte Teile des Manuskriptes. Die Anfertigung der Illustrationen übernahm Frau *Sabine Drobik* (Rottenburg). Herr *Dieter Hoppe* (Esslingen), Frau *Corinna Conrad* (Moers), Frau *Angelika Loose-Wagner* (Marktoberdorf) und

Herr *Franz Pfeffer* (Plattling) stellten Fotos aus ihren Archiven zur Illustration zur Verfügung. Frau Dr. *Gabriele Lehari* hat verschiedene Anregungen zur Verbesserung des Manuskriptes gegeben. Ihnen allen sei an dieser Stelle herzlich für ihre Unterstützung gedankt.

Werner Lantermann Im Herbst 1999

Inhalt

1 Einführung

Haltung und Zucht des Nymphensittichs sind sehr populär. Seit der Vogel erstmals Mitte des vorigen Jahrhunderts nach Europa kam, erfreut er sich ungeteilter Beliebtheit – als Stubenvogel ebenso wie als Zucht- und Ausstellungsvogel. Durch seine leichte Züchtbarkeit sind Jungvögel zu allen Jahreszeiten im Zoohandel und auch bei privaten Züchtern preisgünstig zu bekommen. Dies hat inzwischen zu einer beinahe weltweiten Verbreitung des Nymphensittichs in vielen Haushalten und Zuchtvolieren geführt.

Mit der regelmäßigen und preisgünstigen Verfügbarkeit des Vogels im Handel stellt sich aber ebenso regelmäßig auch das Problem des unüberlegten Spontankaufs, in dessen Folge falsche Haltungsbedingungen beinahe an der Tagesordnung sind. Davor möchte dieses Buch warnen und gleichzeitig Hilfestellung für eine artgemäße Haltung anbieten.

Allerdings sind solche Spontankäufe bei allen rationalen Gegenargumenten durchaus nachzuvollziehen, denn Nymphensittiche bestechen durch ihr anmutiges Äußeres, ihre verschiedenen Farbschläge, durch ihre auf- und abwippende Federhaube, durch ihre leichte Zähmbarkeit sowie durch ihre Nachahmungsbegabung, die allerdings nur in engen Grenzen ausgeprägt ist. Und damit sind auch schon die Hauptmotive knapp umrissen, die bei den Liebhabern den Wunsch nach einem Nymphensittich wach werden lassen und schließlich zu dessen Anschaffung führen.

An erster Stelle wird bei vielen Haltern der Wunsch nach einem möglichst zahmen und nachahmenden Stubenvogel stehen. Der Nymphensittich nimmt hier etwa eine mittlere Position zwischen dem kleinen und nur zu sehr begrenzten Lautimitationen befähigten Wellensittich und den recht „sprechbegabten" Großpapageien ein. Seine „Stärke" liegt nicht so sehr in der Imitation der menschlichen Sprache, sondern im Nachahmen von kleinen Melodien, die er pfeifend wiedergibt. Unzählige Nymphensittiche, die als Einzelvögel in engem Kontakt mit dem Menschen leben, haben

Anfliegender Nymphensittich.

beispielsweise den ersten Teil des „River-Kwai-Marsches“ gelernt und geben ihn bei allen Gelegenheiten pfeifend zum Besten.

Eng verknüpft mit diesen Nachahmungsleistungen ist auch eine gewisse Vertrautheit des Vogels mit dem Pfleger. Sie ist gewissermaßen die Grundvoraussetzung für seine verstärkte Nachahmungsbereitschaft. Vogelkundler stellen sich die entsprechenden Zusammenhänge etwa folgendermaßen vor: Der Nymphensittich (und ebenso die meisten anderen in Menschenobhut lebenden Papageien) schließt sich als soziales Wesen in der oft praktizierten Einzelhaltung in der Regel schnell seinem menschlichen Pfleger an und akzeptiert ihn als Partnerersatz. Er wird dabei mit ihm zunehmend vertrauter, danach handzahm (d. h., er schreckt nicht mehr vor der Hand des Pflegers zurück und lässt sich füttern und kraulen) und schließlich vollständig zahm. In diesem Stadium beginnt er auch eine Lautkommunikation mit dem Pfleger. Er ahmt – soweit es seine Möglichkeiten zulassen – Sprache und Töne seines Menschenpartners nach, besonders solche, die ihm immer wieder zu Ohren kommen, vorgesprochen oder vorgepfiffen werden. Damit versucht er über seine angeborenen Anlagen zum Erlernen von Lautimitation Kontakte zu seinem Pfleger aufzubauen – ebenso wie die lautliche Kommunikation im Kontakt mit Artgenossen für ihn eine große Rolle spielt.

Vogelpfleger finden solche Nachahmungsleistungen ihres Tieres in aller Regel wünschenswert und amüsant. Sie begünstigen seinen Lernprozess deshalb vielfach durch permanentes Vorsprechen oder -pfeifen weiterer Lauteinheiten und verstärken diesen Lernprozess durch (Futter-)Belohnungen. So erlangen viele Sittiche und Papageien einen beachtlichen „Wortschatz“.

So positiv eine derart intensive Beschäftigung mit einem einzeln gehaltenen Sittich sein mag, so deutlich zeigen sich jedoch gerade an diesem Punkt die Defizite des Vogels und die Mängel des „Haltungssystems“. Der im Freileben hochsoziale Sittich schließt sich in Ermangelung eines Artgenossen eng dem Pfleger an, wird zahm, lässt sich kraulen (entsprechend der sozialen Gefiederpflege unter Artgenossen) und versucht, durch Lautimitationen Kontakt zum Pfleger zu bekommen. Allerdings kann der Pfleger – auch bei intensiver und langjähriger Zuwendung – dem Vogel den Artgenossen nicht ersetzen. Deshalb fristen viele Nymphensittiche –

besonders wenn das Interesse des Pflegers eines Tages nachlässt – schließlich ein frustriertes Dasein, werden zu bewegungsarmen Käfighockern und neurotischen Dauerschreiern. Mit diesem Schreien versuchen die Tiere u. a. auch die Aufmerksamkeit des Pflegers zu erlangen.

Aber auch paarweise lebende Vögel lassen u. U. ausdauernd ihren harten, flötenden Lockruf ertönen, der die Geduld des Pflegers manchmal auf eine harte Probe stellt.

Wenn auch solche Verhaltensauffälligkeiten bislang vorwiegend für die so genannten Großpapageien beschrieben sind, liegen die Probleme für die kleinen domestizierten Sittiche recht ähnlich. Auch bei ihnen zeigen sich soziale Defizite bei der Einzelhaltung. Von einer artgemäßen Haltung kann dabei somit nicht die Rede sein. Die folgenden Ausführungen im Haltungskapitel beschäftigen sich folglich ausschließlich mit der sozialen Haltung von Nymphensittichen, also mit der paarweisen Haltung oder der Gruppenhaltung.

Ein zweites und sicherlich ebenso verbreitetes Motiv bei der Nymphensittichhaltung ist die Zucht, speziell auch die Zucht bestimmter Farbschläge. Als die Zucht des Nymphensittichs Mitte des vorigen Jahrhunderts ihren Anfang nahm, konnte noch niemand absehen, dass sich gerade diese Sittichart über die Zeit hinweg als überaus produktiv erweisen sollte. Und wie bei allen massenhaft gezüchteten Tieren mit schneller Generationenfolge traten auch hier mit der Zeit Farbmutanten auf, die dann durch engste Selektionszucht weitergezüchtet und gefestigt wurden. So ist heute eine Vielzahl von Farbschlägen im Handel, deren ansprechendster zweifellos der weiße Nymphensittich ist. Und bisher ist diese Entwicklung noch nicht zum Ende gelangt. Gelegentlich treten noch neue Mutanten oder Farbkombinationen in Erscheinung, die wiederum den Ehrgeiz der Züchter herausfordern. Hier soll nicht verschwiegen werden, dass gerade solche neu entstandenen und züchterisch gefestigten Farbvögel zu Anfang ausgemachte Spekulationsobjekte darstellen, für die teilweise horrende Preise in Züchterkreisen erzielt werden. Sobald solche Farbschläge jedoch wiederum produktiv nachgezüchtet werden, sinken die Preise und das Interesse der Spekulanten erlischt – zumindest bis zum Auftreten der nächsten Farbmutation oder einer daraus zu erzielenden Kombination mit einem bereits vorhandenen Farbschlag.

Die Kriterien und Widrigkeiten der Farbzucht sollen in einem eigenen Abschnitt später etwas ausführlicher behandelt werden. An dieser Stelle sollte es nur darum gehen, die Motive der Nymphensittichhalter und -züchter darzustellen, die zur Anschaffung solcher Vögel führen können.

2 Kennzeichen und systematische Stellung

Aussehen

In seiner Naturform ist der Nymphensittich vom Kopf bis zum Schwanz etwa 32 cm groß. Männchen wiegen zwischen 80 und 100 g, Weibchen durchschnittlich etwa 90 g. Seine Grundgefiederfärbung ist grau, die Unterseite ist silbergrau, manchmal vermischt mit Braun. Die größeren Flügeldecken und die vorderen Armschwingen sind weiß. Oberschwanzdecken und mittlere Schwanzfedern tragen eine blaßgraue Färbung, die äußeren Schwanzfedern, der Schnabel und die Beine sind dunkelgrau. Die Irisfärbung ist dunkelbraun. Das Männchen trägt ein intensiv gefärbtes Kopfgefieder: Stirn, Federhaube, vorderer Oberkopf, Wangen und Kehle sind beim Männchen leuchtend gelb, die Ohrgegend ist orangerot gefärbt. Das Weibchen zeigt eine deutlich blassere Kopffärbung: Oberkopf, Haube und Wangen sind nur schwach gelb gefärbt und mit grauen Federn durchsetzt. Auch Weibchen tragen aber einen kräftigen orangeroten Ohrfleck.

Ein weiteres Unterscheidungsmerkmal der Geschlechter ist die Färbung des Schwanzgefieders: Männchen haben ober- und unterseits ein einheitlich graues bis schwarzes Schwanzgefieder, beim Weibchen sind die äußeren Schwanzfedern ober- und unterseits grau-gelb marmoriert. Außerdem tragen Weibchen auf den Innenfahnen der Schwungfedern mehrere weiße Punkte.

Jungvögel ähneln im Gefieder den Weibchen, allerdings färbt sich der anfangs fleischfarbene Schnabel erst im Alter von zehn bis zwölf Wochen dunkel. Die Kopffärbung junger Männchen ist oft bereits intensiver als die der Weibchen. Das Schwanzgefieder ist dagegen bei männlichen Tieren schwächer marmoriert als bei den Weibchen und nach der Mauser tragen die Männchen ein einfarbig graues Schwanzgefieder.

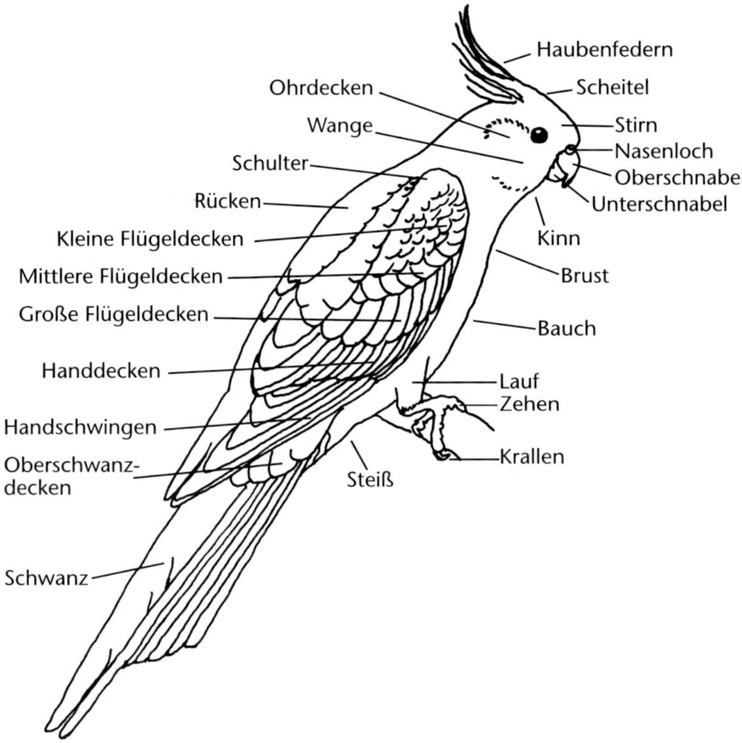

Körper- und Gefiederpartien des Nymphensittichs.

Entwicklungsgeschichte und Systematik

Der Nymphensittich (*Nymphicus hollandicus*) wurde bereits 1788 von JOHANN FRIEDRICH GMELIN als Kakadusittich mit dem lateinischen Namen *Psittacus novae-hollandiae* beschrieben. 1792 erhielt er vom Ornithologen KERR seinen heutigen Artnamen *hollandicus*. Die Gattung *Nymphicus* stellte erst der Zoologe JOHANN GEORG WAGLER 1832 auf. Leider lässt sich heute nicht mehr ermitteln, welche Assoziationen seinerzeit mit der Vergabe des Gattungsnamens *Nymphicus* (griechisch = mädchenhaft) verbunden waren. Möglicherweise gaben die schlanke Gestalt, die anmutigen Bewegungen und die dezenten Gefiederfarben des Vogels Anlass zu einer gedank-

Männlicher Nymphensittich in der Wildfarbe.

Der weibliche wildfarbige Nymphensittich ist durch ein gebändertes Schwanzgefieder und eine eher unscheinbare Kopffärbung gekennzeichnet.

lichen Verbindung mit der Nymphe, dem weiblichen Naturgott im griechischen Volksglauben. Der Artname *hollandicus* (oder früher: *novae-hollandiae*) ist eine Herkunftsbezeichnung. Neuholland war die bis zum frühen 19. Jahrhundert übliche Bezeichnung für Australien, die auf niederländische Seefahrer zurückgeht.

Die Einordnung des Nymphensittichs in das Verwandtschaftssystem der Papageien hat den verschiedensten Autoren in der Vergangenheit immer wieder Schwierigkeiten bereitet und ist bis heute nicht abschließend erklärt. Frühere Bezeichnungen wie Keilschwanzkakadu oder Kakadusittich zeugen von diesen nomenklatorischen Unsicherheiten.

Einige Autoren stellen den Nymphensittich in die Gruppe der Kakadus. Dafür spricht seine Federhaube, der auffällig hervortretende Wangenfleck, die befiederte Nasenhaut sowie die aktive Beteiligung des Männchens bei der Brut – Merkmale, die mit denen der Kakadus übereinstimmen. Auch das Balz-, Imponier- und Drohverhalten ähnelt eher dem der Kakadus.

Diejenigen Autoren, die sich für eine Zuordnung zu den Plattschweifsittichen aussprechen, führen als Merkmale die sittichartige Gestalt und den langen Schwanz des Vogels an. Auch das Kopfkratzen „hintenherum" haben Nymphensittiche mit den Plattschweifsittichen gemeinsam. Außerdem deuten die in der Literatur beschriebenen Kreuzungen mit Sing- und Feinsittichen auf eine enge Verwandtschaft mit den Plattschweifsittichen hin.

Vor einigen Jahren hat sich im deutschsprachigen Raum vor allem der Papageienkundler Diefenbach (1977) näher mit der systematischen Stellung des Nymphensittichs beschäftigt und dabei vor allem Verhaltensbeobachtungen zu dessen verwandtschaftlicher Einordnung herangezogen.

Nach seinen Beobachtungen ergeben sich viele Übereinstimmungen mit dem Verhalten von Kakadus. So nehmen Nymphensittiche im Gegensatz zu den Plattschweifsittichen z. B. Futter in den Fuß – ein Merkmal, dass schon früher in der Feinsystematik der Papageien herangezogen wurde. Weiterhin kommt im Balzverhalten des Nymphensittichs das Partnerfüttern nicht mehr regelmäßig vor (vgl. aber Kavanau 1987). Ebenso wie bei den Kakadus der *Cacatua*-Gattung beteiligen sich Nymphensittichmännchen und -weibchen aktiv am Brutgeschäft. Demzufolge bleibt für beide

Ähnlich den Kakadus trägt auch der Nymphensittich eine Federhaube, mit der er seine Affektlage auszudrücken vermag. Von links nach rechts: Palmkakadu, Helmkakadu, Inkakakadu, Weißhaubenkakadu, Nymphensittich und Rotsteißkakadu (mod. nach Sparks & Soper 1990, Zeichnung: Weinem).

Geschlechter genügend Zeit, um sich nach der Brutablösung selbst mit Futter zu versorgen. Die bei vielen Papageienarten – so auch bei den Plattschweifsittichen – ursprüngliche Funktion des Partnerfütterns, nämlich die Versorgung des brütenden Weibchens im Nest, ist dabei weitgehend verloren gegangen. Bei den Nymphensittichen (und Kakadus) kommt es deshalb auch im Balzverhalten kaum mehr vor. Auch das Drohverhalten des Nymphensittichs – das Ausbreiten der Flügel, das Flügelschlagen und das Schwanzspreizen – stimmt weitgehend mit dem Drohverhalten der Kakadus überein und fehlt bei den Plattschweifsittichen.

Die amerikanische Wissenschaftlerin Dominique Homberger hat in ihrer Doktorarbeit die Ernährungs- und Trinkmethoden der Papageien sowie die Morphologie von Schnabel und Zunge eingehend untersucht und ist dabei u. a. zu der Erkenntnis gelangt, dass der Schnabel-Zungen-Komplex des Nymphensittichs in mehr als zwanzig Gestaltsmerkmalen mit dem der Kakadus übereinstimmt und der Nymphensittich darüber hinaus die gleiche Trinkmethode anwendet. Sie ordnet den Nymphensittich deshalb ebenfalls den Kakadus zu, allerdings nicht, wie unten aufgeführt, als monotypische Unterfamilie, sondern nur im Status einer monotypischen Gattung (Homberger 1980).

Aufgrund dieser und weiterer ethologischer und morphologischer Untersuchungen neigt man heute dazu, dem Nymphensittich zwar eine systematische Sonderstellung, allerdings in der nahen Verwandtschaft der Kakadus, zuzuweisen. Bei vielen heute maßgeblichen Taxonomen wird der Nymphensittich deshalb innerhalb der Familie der Kakadus in einer eigenen Unterfamilie mit nur einer Gattung und einer Art geführt.

Ordnung:	Psittaciformes (Papageien)	
Familie:	Cacatuidae (Kakadus)	
Unterfamilien:	Cacatuinae (Eigentliche Kakadus)	Nymphicinae (Nymphensittiche)
	5 Gattungen	1 Gattung (Nymphicus)

Der Nymphensittich im System der Papageien (nach Smith 1975, Wolters 1975–1982).

Die Entwicklungsgeschichte des Nymphensittichs lässt sich aufgrund der momentanen Datenlage nicht nachvollziehen. Die früher geäußerte These, dass *Nymphicus* möglicherweise als gemeinsame Stammform von Kakadus und Plattschweifsittichen anzusehen sei und daher Merkmale beider Gruppen aufweise, ist wenig wahrscheinlich. Nach Immelmann (1976) müssen gerade die kakaduähnlichen Merkmale des Nymphensittichs, nämlich die Federhaube und der Wangenfleck, als relativ fortschrittliche Charaktere angesehen werden, die einer gemeinsamen Stammform wahrscheinlich gefehlt haben dürften. Eher denkbar wäre eine gemeinsame, inzwischen ausgestorbene Stammform, aus der sich einerseits die Plattschweifsittiche, andererseits die Nymphensittiche und in gleicher, fortgeschrittener Entwicklungslinie die eigentlichen Kakadus entwickelt hätten. Damit wäre das Partnerfüttern, das bei den Plattschweifsittichen regelmäßig, bei den meisten Kakadus gar nicht und bei den Nymphensittichen nach Kavanau (1987) gelegentlich auftritt, als Verhaltensweise zu werten, die sich – entwicklungsgeschichtlich betrachtet – in der Rückbildung befindet und schließlich bei jenen Kakaduarten, bei denen beide Geschlechter brüten, gar nicht mehr vorkommt. Eine andere Sichtweise betrachtet *Nymphicus* als einen spezialisierten Seitenzweig der *Cacatuinae* (eigentliche Kakadus).

3 Der Nymphensittich im Freiland

Verbreitung

Der Nymphensittich ist auf dem gesamten australischen Kontinent verbreitet, meidet aber die feuchten Küstengebiete im Norden, Osten und Süden des Landes weitgehend. Er bevorzugt demnach die trockenen Inlandsgebiete, die sich beinahe ohne Unterbrechung über das ganze Zentrum des Kontinents erstrecken. Somit fehlen dort geografische Schranken und die Ausbildung isolierter Populationen war beim Nymphensittich (und vielen weiteren Vogelarten) nicht möglich. Da die Bewohner von Trockengebieten aufgrund der unregelmäßig auftretenden Niederschläge außerdem zu ausgedehnten Wanderungen gezwungen sind, findet eine ständige Vermischung der Populationen statt. Aus diesen

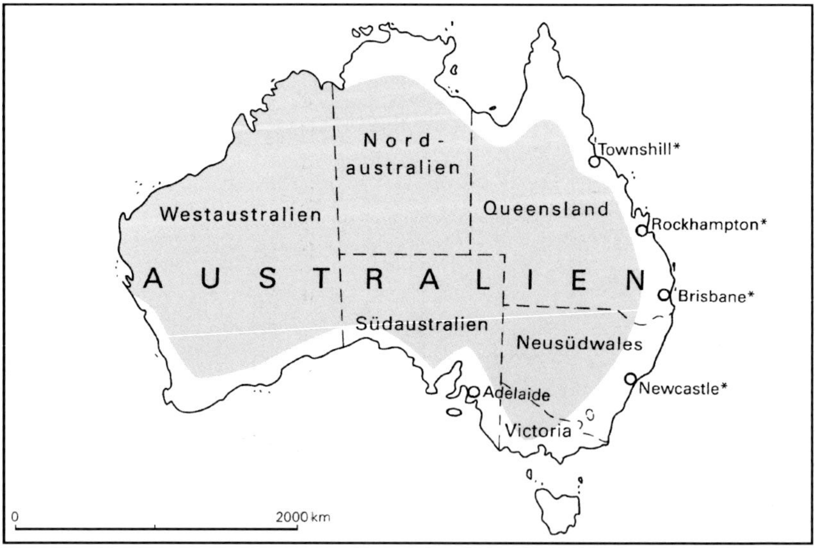

Verbreitungsgebiet des Nymphensittichs (nach Forshaw 1989).

Die Stellung der Federhaube kennzeichnet die Affektlage des Nymphensittichs (von aufmerksam erregt bis ruhig und entspannt).

Gründen repräsentieren die Vogelarten Inneraustraliens – unter ihnen Nymphensittich, Wellensittich, Bourkesittich und Nachtsittich – jeweils eine einheitliche Art. Sie bilden keine Unterarten.

Nymphensittiche bewohnen unterschiedliche Lebensräume innerhalb ihres riesigen Verbreitungsgebietes. Man trifft sie in Bäumen an den Ufern von Flüssen, in offenen Eukalyptus-Savannen, in der Mulgastrauch-Steppe und selbst im wüstenähnlichen Spinifex-Grasland. Geschlossene Wälder werden dagegen gemieden.

Die Anwesenheit und Häufigkeit der Art in bestimmten Gebieten hängt meist unmittelbar vom zur Verfügung stehenden Nahrungsangebot und dem Vorhandensein offener Wasserstellen ab. Außerhalb der Brutzeit durchstreifen die Vögel gewöhnlich in Gruppen von etwa zehn bis fünfzig Tieren ihren Lebensraum und suchen dabei in den oft kargen Graslandschaften nach Sämereien. In Dürrezeiten können sie sich jedoch zu großen Schwärmen zusammenschließen und ausgedehnte Wanderungen in nahrungs- und wasserreichere Gebiete unternehmen. In besonders trockenen Jahren werden an den letzten offenen Wasserstellen nicht selten Massenansammlungen von hunderten oder tausenden von Nymphensittichen beobachtet.

Freilebender Nymphensittichschwarm
in West-Australien.

Die weißen Flügeldecken dienen im Flug als schwarmzusammenhaltendes Signal.

Leben im Schwarm

Im Gegensatz zu waldbewohnenden Vogelarten, bei denen die Kleingruppe oder der Familienverband die typische soziale Organisationsform darstellt, herrschen in einem großen Schwarm nomadisierender Tiere andere Lebensbedingungen und bringen entsprechende Verhaltensweisen hervor. Hier steht weniger das Individuum, hier steht die Gruppe im Vordergrund. Um den Schwarmzusammenhalt zu garantieren, sind bestimmte Mechanismen notwendig, die von allen Individuen „verstanden“ werden müssen.

Dazu trägt im Wesentlichen die Stimmungsübertragung bei, die dafür sorgt, dass alle Individuen etwa den gleichen Tagesrhythmus einhalten. Sie fressen, ruhen, putzen sich alle beinahe gleichzeitig und sind bei Gefahr gleichzeitig fluchtbereit. Im Flug dienen die weißen Flügeldecken, die beide Geschlechter tragen, als schwarmzusammenhaltendes Element und haben für alle Vögel innerhalb eines Schwarmes Signalcharakter. Zum zweiten stoßen die Vögel regelmäßig Kontaktrufe während des Fluges aus. Fest verpaarte Vögel bleiben auch in großen Schwärmen eng beieinander und halten ganzjährig zusammen.

Ernährungs- und Trinkgewohnheiten

Die Nahrung der Nymphensittiche setzt sich vor allem aus Samen von Gräsern und Kräutern zusammen, die sie bevorzugt am Boden zu sich nehmen. Immelmann (1976) beobachtete Nymphensittiche auch mehrfach in blühenden Eukalyptusbäumen, wo sie offenbar Blütennektar oder kleine Blüteninsekten zu sich nahmen. Daneben gehören auch Akaziensamen zum Nahrungsspektrum. In Getreideanbaugebieten sind sie zur Reifezeit häufig anzutreffen und ernähren sich dann zeitweise – sehr zum Leidwesen der Farmer – überwiegend von Getreidekörnern. In Queensland, im Süden Australiens, wo ausgedehnte Weizenanbaugebiete liegen, besteht deshalb bis in die Gegenwart eine Art Jagdsaison für Nymphensittiche, während die Art ansonsten in allen australischen Bundesstaaten gesetzlich geschützt ist.

Über die Trinkgewohnheiten der Nymphensittiche berichtet Immelmann (1976, S. 114):

„Die Tiere kreisen lange über der Wasserstelle, kommen dann in rasendem Flug bis dicht über die Wasserfläche und stürzen fast senkrecht zu Boden. Sie landen niemals am Ufer, sondern gehen unmittelbar im flachen Wasser nieder. Dort machen sie ein paar kurze und eilige Schlucke und stürzen schon nach wenigen Sekunden wieder davon. Manchmal fliegen sie auch ohne erkennbaren Grund sofort wieder ab, noch ehe sie getrunken haben, und verschwinden am Horizont. Diese außergewöhnliche Scheu hängt mit dem Lebensraum und der Lebensweise des Nymphensittichs zusammen. Er ist Bewohner weiter, offener Landschaften, in denen die Sicht nahezu unbegrenzt ist. Außerdem ist er ein gewandter und schneller Flieger. Seine beste Verteidigung ist daher die Flucht."

Fortpflanzung

Die Brutzeit liegt im Süden des Verbreitungsgebietes in den australischen Frühlingsmonaten August bis Dezember, im Norden beginnt sie zum Ende der Regenzeit im April und endet etwa im Juni. Im Inneren Australiens gibt es keine festgelegte Brutzeit. Sie hängt dort von den klimatischen Bedingungen ab. In der Brutzeit ändert sich auch die Gruppenstruktur. Die Paare sondern sich vom Schwarm ab und verteilen sich über den zur Verfügung stehenden

Das Besetzen einer (noch) unbekannten Nisthöhle ruft bei den Nymphensittichen eine ambivalente Stimmungslage hervor, die zwischen Erkunden und Rückzug schwankt.

Lebensraum, der für das Brutgeschäft günstig ist. In niederschlagsreichen Regionen mit ausreichendem Nahrungsangebot geraten die Tiere sehr schnell in Brutstimmung, besetzen Nisthöhlen und lassen unter günstigen Bedingungen mehrere Bruten aufeinander folgen.

Die Bruthöhlen der Nymphensittiche liegen oft in Astlöchern abgestorbener Bäume. Häufig werden Eukalyptusbäume gewählt, die in Wassernähe stehen. Die Vögel bevorzugen nahe gelegene Nistplätze, von denen sie das umliegende Gelände gut überschauen können. Anders als bei einigen Kakaduarten wählen Nymphensittichpaare ihre Nisthöhlen seltener in unmittelbarer Nachbarschaft zueinander oder gar im gleichen Baum. Sie liegen meist mehr als 200 Meter voneinander entfernt, wenngleich mitunter auch zwei Paare in einem Baum brüten.

Langjährig verpaarte Steppenvögel, zu denen auch die Nymphensittiche gehören, zeigen im Freiland vermutlich nur ein

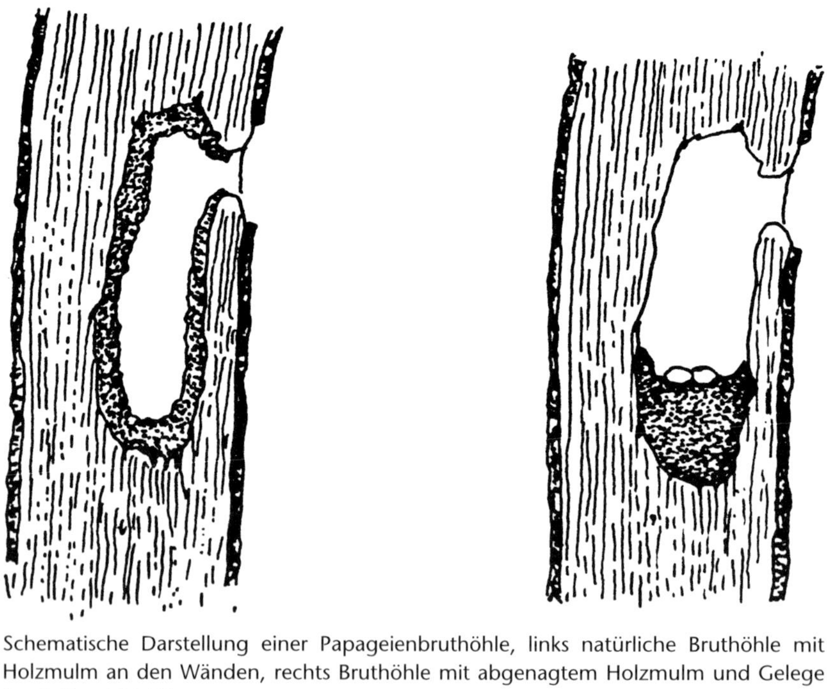

Schematische Darstellung einer Papageienbruthöhle, links natürliche Bruthöhle mit Holzmulm an den Wänden, rechts Bruthöhle mit abgenagtem Holzmulm und Gelege (nach Pagel 1985).

schwach ausgeprägtes Balzverhalten (eindeutige Beobachtungen dazu liegen offenbar jedoch kaum vor, siehe Abschnitt „Balz, Eiablage und Brut“). Sie können sich bei ihrer nomadischen Lebensweise nicht lange mit Balzaktivitäten „aufhalten“, sondern müssen zügig zur Brut schreiten, wenn die Nahrungsbedingungen günstig sind.

Zwitschernde Lautäußerungen, Haubensignale und hüpfende Sprünge sind die wesentlichen Merkmale der Nymphensittichbalz, die meist schnell zur Kopulation führt. Das Weibchen duckt sich dazu mit gesenkten Flügeln nieder, das Männchen steigt auf und führt die Begattung durch, indem es seine Kloake seitlich an die des Weibchens presst. Manchmal umschlingt es das Weibchen mit seinen Flügeln, um die Balance zu halten. Eine Begattung kann nur einige Sekunden bis hin zu mehreren Minuten dauern und findet bis zum Ende der Eiablagezeit u. U. mehrmals täglich statt.

Das Männchen wählt in aller Regel den Nistplatz aus und das Weibchen legt dort durchschnittlich vier bis fünf, in Ausnahmefällen bis zu sieben Eiern. Die Größe von Nymphensitticheiern liegt bei etwa 19 × 25 mm, ihr Gewicht beträgt 5,6 bis 6,9 Gramm. Das Gelege ist innerhalb von acht bis zehn Tagen vollständig und wird – beginnend mit der Ablage des zweiten Eies – etwa 18 bis 20 Tage lang von beiden Geschlechtern bebrütet. Das Männchen brütet in der Regel vom frühen Morgen bis zum Nachmittag, das Weibchen während der übrigen Zeit. Die Nestlingszeit der Jungvögel beträgt etwa vier bis fünf Wochen.

Die Jungen verlassen vollständig entwickelt das Nest, allerdings sind die Schwanzfedern noch kürzer als bei den Altvögeln. Das Jugendkleid gleicht dem des alten Weibchens, manche Männchen zeigen allerdings schon früh eine deutlich erkennbare Gelbfärbung am Kopf. Im fünften Lebensmonat beginnt die Umfärbung in das Alterskleid, die mit etwa neun Monaten abgeschlossen ist.

Mauser

Nach der Brutzeit beginnen die adulten (= erwachsenen) Nymphensittiche mit der Mauser, die sich über den relativ langen Zeitraum von zwei Monaten hinzieht, damit die Tiere während dieser Zeit voll flugfähig bleiben. Es fallen die jeweils nächstgelegenen Schwingen- und Schwanzfedern erst dann aus, wenn die vorigen schon halbwegs nachgewachsen sind. Nymphensittiche mausern „regulär", d. h. nach der von dem deutschen Vogelkundler HELMUT HAMPE (1896–1939) ermittelten Regel, wonach zuerst die 6. Handschwinge ausfällt, danach etwa gleichzeitig die 7. und 5., dann die 8. und 4. usw. Für diese Form der „regulären Mauser" wurde später folgende Schreibweise eingeführt:

$$6 \quad \frac{7-8-9-10}{5-4-3-2-1}$$

Die Mauser der Schwanzfedern vollzieht sich nach keiner festen Regel. Über die Mauser des Kleingefieders liegen mir keine Angaben vor.

Feinde

Während der Mauserzeit bleiben die Tiere – wie erwähnt – zwar flugfähig, sie sind allerdings in ihrer Beweglichkeit etwas beeinträchtigt und werden in dieser Phase auch schneller Opfer von Beutegreifern. Die natürlichen Feinde des Nymphensittichs sind vor allem Greifvögel, die sich in aller Regel aber auf kranke, verletzte und ganz junge Vögel konzentrieren. Darüber hinaus können auch die Ureinwohner Australiens, die den Nymphensittich als „Quarrion" bezeichnen, gewissermaßen seit Jahrhunderten als „natürliche" Feinde gelten. Denn Altvögel, Eier und Junge sind für sie begehrte Eiweißlieferanten.

Weiterhin dezimieren lang anhaltende Dürreperioden und das gelegentliche Auftreten seuchenhafter Erkrankungen in manchen Jahren nachhaltig die Bestände des Nymphensittichs im Freiland. Auch Massenabschüsse in Getreideanbaugebieten werden – obwohl der Nymphensittich in ganz Australien unter Schutz steht – gelegentlich behördlicherseits genehmigt.

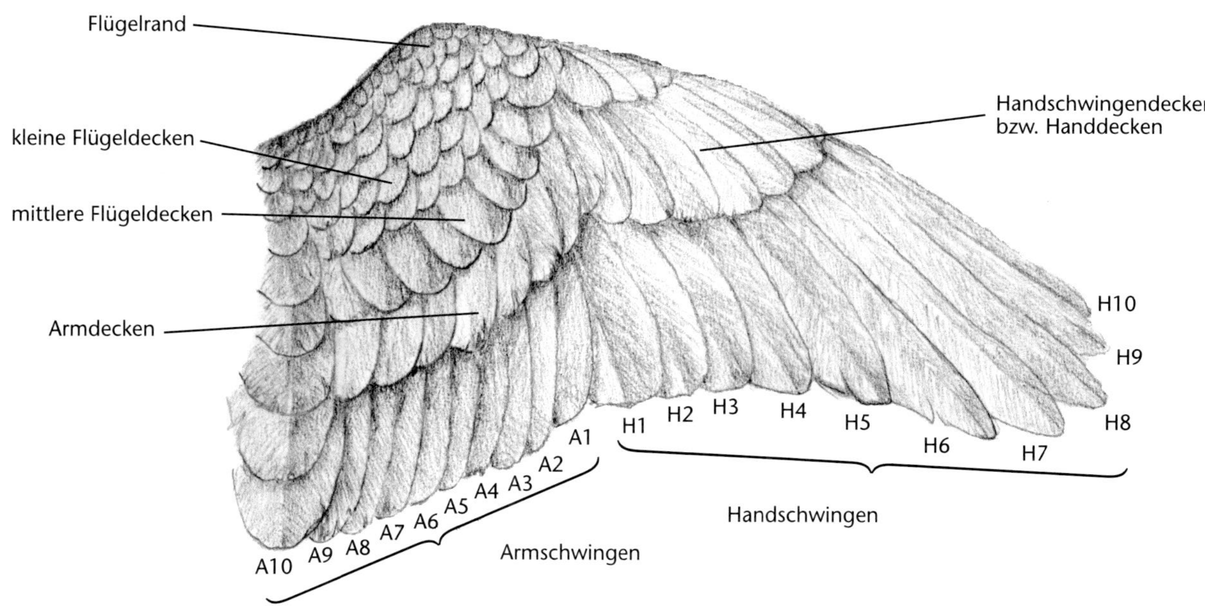

Schematische Darstellung des Papageienflügels mit den Handschwingen H 1–10 und den Armschwingen A 1–10 (nach Forshaw 1989).

4 Haltung und Pflege

Historisches

Die ersten Papageienvögel, die überhaupt in der Literatur Erwähnung finden, waren nicht – wie man heute vielleicht meinen könnte – die inzwischen allerorten bekannten und weit verbreiteten Wellen- und Nymphensittiche Australiens. Stattdessen handelt es sich hierbei um Edelsittiche der Gattung *Psittacula* aus Indien und Afrika. Sie wurden bereits in den letzten vorchristlichen Jahrhunderten von Römern und Griechen beschrieben und auch als zahme Hausgenossen gehalten. Besonders der weit verbreitete Halsbandsittich (*Psittacula krameri*), aber auch der Große Alexandersittich (*Psittacula eupatria*) und der Pflaumenkopfsittich (*Psittacula cyanocephala*) waren die meistgehaltenen und vielfach beschriebenen Papageienvögel des Altertums.

Historische Darstellung der Lebensweise des Nymphensittichs (nach Brehms Tierleben, Bd. 8, Leipzig 1927).

Nymphensittichmotiv auf einer Briefmarke aus Madagaskar, wo die Art gar nicht freilebend vorkommt.

Von diesen ersten Anfängen der Papageienhaltung im damaligen Zentrum der Welt dauerte es dann mehr als 2000 Jahre, bis schließlich im 19. Jahrhundert die ersten australischen Sittiche nach Europa kamen. 1840 brachte John Gould von einer Australienreise die ersten Wellensittiche nach England, wenig später – wahrscheinlich um 1845 – gelangten erstmals auch Nymphensittiche in die „westliche" Welt.

Sie wurden anfangs nur in Einzelexemplaren von englischen Seeleuten mitgebracht und hatten aufgrund strapaziöser Transportbedingungen und wegen des feuchten Klimas in England kaum Überlebenschancen. Aber schnell erlebte der Handel mit australischen Tieren in Europa eine Blütezeit, die Transportbedingungen wurden verbessert und in der Folge gelangten immer mehr Vögel in den Handel. Ende des 19. Jahrhunderts wurden australische Tiere bereits in solchen Massen exportiert, dass die australische Regierung zum Schutz der Tierwelt 1894 ein – für damalige Zeiten sehr weitsichtiges – strenges Ausfuhrverbot für die heimische Fauna erließ.

Dem „Siegeszug" des Nymphensittichs konnte dieses Verbot jedoch keinen Abbruch mehr tun. Bereits um 1850 glückte dessen erste Zucht in Frankfurt und Hamburg, 1863 im Londoner Zoo, um 1865 in Holland, um 1870 in Belgien und 1881 in der Schweiz, kurze Zeit später auch außerhalb Europas. Mit dem zunehmenden „Know-how" über die Pflegeansprüche gelangte die Art schließlich über die damaligen Zuchtspezialisten in immer weitere Züchterkreise und trat von dort als Stuben- und Zuchtvogel ihren Weg in die ganze Welt an.

Jahr	Anzahl	Jahr	Anzahl
1986	9157	1992	8239
1987	15183	1993	7116
1988	11197	1994	7793
1989	10145	1995	6308
1990	9934	1996	7596
1991	7983	1997	4561

Tabelle 1: Nachzuchten bei Nymphensittichen in Deutschland 1986–1997 (laut Jahresstatistik der größten bundesdeutschen Vogelhaltervereinigung AZ).

Erwerb und Auswahl eines gesunden Vogels

Züchter oder Zoohandlung?

Sobald der Wunsch nach der Anschaffung eines Nymphensittichs geboren ist, stellt sich die Frage nach den Erwerbsmöglichkeiten. Da Nymphensittiche heute in aller Regel aus Inlandszuchten stammen, sollte man einen solchen Vogel möglichst direkt von einem Züchter erwerben. Natürlich kann man auch den „Umweg" über eine Zoohandlung wählen. Allerdings beziehen die meisten Zoohandlungen ihre Tiere ebenfalls aus privaten oder kommerziellen Zuchten – sie sind somit Wiederverkäufer und verlangen dementsprechend höhere Preise als private Anbieter. Zudem ist das Krankheitsrisiko für ein solches Tier dort um ein Vielfaches höher als in gut geführten Hobbyzuchten, denn in der Zoohandlung herrscht oft eine hohe Fluktuation beim An- und Verkauf von Tieren, die mitunter auch Krankheitserreger hinterlassen und auf andere Vögel übertragen können. Damit soll jedoch weder gesagt werden, dass es nicht auch gut geführte Zoohandlungen mit hygienisch einwandfreier Vogelhaltung gibt, noch dass alle Hobbyzüchter von Nymphensittichen über jeden Zweifel erhaben sind. In jedem Fall empfiehlt es sich, beim Kauf eines Vogels die Haltungsbedingungen und das Tier selbst genauer in Augenschein zu nehmen.

Als Liebhaber sollte man nur aus einwandfrei geführten Zuchten Tieren erwerben.

Unter großzügigen Haltungsbedingungen – wie hier im Vogel- und Blumenpark Plantaria (Kevelaer) – können die Tiere ihr Bewegungs- und Flugvermögen voll entfalten.

Zuerst wird man als Käufer sein Augenmerk auf die Unterkunft des zum Erwerb stehenden Tieres lenken.

- Hat es genügend Bewegungsfreiraum?
- Sind die Sitzstangen sauber?
- Ist der Käfig- und Volierenboden ausgeharkt und mit sauberer Sandeinstreu versehen?
- Sind die Futterplätze sauber?
- Ist das Nahrungsangebot ausreichend?
- Macht die Käfig- und Volierenanlage einen gepflegten Gesamteindruck?

So banal diese Beobachtungskriterien erscheinen mögen, so wenig selbstverständlich sind sie bei Züchtern und Zoohändlern. Deshalb ist hier durchaus eine kritische Sichtweise zu empfehlen. Das Risiko, einen Vogel aus mangelhaften, verdreckten Hinterhofhaltungen zu erwerben, sollte man gar nicht erst eingehen und stattdessen vom Kauf Abstand nehmen und sich dem nächsten seriösen Anbieter zuwenden.

Wie erkennt man einen gesunden Vogel?

Sind die Haltungsbedingungen nicht zu beanstanden, wendet man sich als nächstes dem Vogel selbst zu. Zuerst beobachtet man ihn aus einiger Entfernung. Er sollte munter, lebhaft, flugfähig, nicht aufgeplustert sein und nicht übermäßig häufig ruhen und schlafen, vor allem dann nicht, wenn seine Artgenossen und Volierenmitbewohner aktiv sind.

Bei näherer Betrachtung muss das **Gefieder** des Vogels glatt, lückenlos und eng anliegend sein. Hier sei besonders auf die gelegentlich federlosen Scheitelpartien (bei angelegter Federhaube kaum erkennbar) mancher – besonders weißer – Nymphensittiche hingewiesen. Dabei handelt es sich mit großer Wahrscheinlichkeit um eine Degenerationserscheinung, die als Folge engster Selektionszucht als Inzuchterscheinung bewertet werden muss. Als Käufer sollte man wissen, dass sich diese Hautpartien nicht wieder befiedern, auch wenn der Anbieter das Gegenteil beteuert. Wenn der betreffende Vogel aber weiter keine erkennbaren Schädigungen zeigt und ansonsten gesund und munter wirkt, braucht dies kein Grund sein, vom Kauf abzusehen. Allenfalls der Preis sollte mit Hinweis auf diesen „Defekt" etwas niedriger gehalten werden.

Das nächste Augenmerk gilt den **Füßen** und **Krallen** des Vogels. Sie sollten sauber sein. Die Krallen müssen nach innen gebogen und gerade so lang sein, dass die Krallenspitzen die Sitzstange berühren und sich dort regelmäßig abschleifen können. Bei lang überwachsenden oder verdrehten Krallen sind ggf. Korrekturen notwendig (siehe Abschnitt „Pflege- und Hygienemaßnahmen").

Vielen Papageien in menschlicher Obhut, besonders älteren Vögeln, fehlen einzelne Krallen oder Zehenglieder. Davon machen auch Nymphensittiche keine Ausnahmen. Solche Schäden entstehen, wenn z. B. Vögel mit zu lang gewachsenen Krallen am Käfiggitter oder in Ritzen und Schlitzen hängen bleiben und sich dann verzweifelt zu befreien versuchen. Abgebrochene Krallen oder gar lädierte Zehen sind die Folge. Aber auch Beißereien mit Artgenossen oder anderen Volierenmitbewohnern (häufig z. B. Agaporniden) können zum Verlust von Krallen oder Zehengliedern führen. Schließlich können auch Zehenglieder oder ganze Zehen erfrieren und später abfallen, wenn die Tiere bei Minustemperaturen in Freivolieren auf eisernen Sitzstangen gehalten werden oder sich zu lange am Drahtgitter einer Außenvoliere festklammern. Dies kann natürlich in Ausnahmefällen zu starken lokomotorischen Beeinträchtigungen für einen Vogel führen, oft sind aber nur einzelne Zehenglieder betroffen, deren Fehlen einen Vogel nicht wesentlich behindert. Lediglich zur Zucht vorgesehene Tiere können bei der Kopulation u. U. die Schwierigkeit haben, sich aufgrund der fehlenden Krallen oder Zehengliedern nicht genügend festhalten zu können.

Der **Schnabel** des Nymphensittichs soll regelmäßig gebaut, die Oberschnabelspitze nicht zu lang sein. Andernfalls sind ggf. Korrekturen nötig und möglich. In bestimmten Ausnahmefällen weisen Nymphensittiche Schnabeldeformationen auf, die ein geregeltes Zusammenwirken von Ober- und Unterschnabel behindern. Dadurch mangelt es an einer gleichmäßigen Abnutzung des Schnabelhorns und in der Folge kommt es zu einem übermäßigen Hornwachstum an bestimmten Schabelpartien. Diese Vögel – von den Tiermedizinern als „Schiefbeißer" bezeichnet – sollten einer ständigen Beobachtung unterliegen und sind in bestimmten Abständen einer Schnabelhornkorrektur zu unterziehen. Anfänger sollten solche Problemvögel deshalb zunächst nicht erwerben.

Weiterhin gilt das Interesse des Käufers der **Atmung** des Vogels, denn Erkrankungen des Respirationstraktes gehören zu den häufigsten Erkrankungen und Todesursachen bei Sittichen und Papageien. Hier bieten sich auch dem Laien zwei Beobachtungskriterien, die bei einer Kaufentscheidung hilfreich sein können.

Zunächst sollte die Atmung des Vogels aus einiger Entfernung beobachtet werden. Sie muss bei gewöhnlicher Aktivität des Vogels ruhig und gleichmäßig, dem Anschein nach für den Vogel nicht mit Anstrengung und nicht mit Geräuschen verbunden sein. Der Schnabel bleibt beim gewöhnlichen Atmen geschlossen, wird nur bei großer Anstrengung und auch bei größerer Hitze geöffnet. Ein zweites Kriterium ist der Zustand der **Nasenlöcher**. Sind sie offen und sauber, besteht kein Grund zur Beunruhigung. Verklebte, verstopfte und nässende Nasenlöcher und deren Umgebung weisen dagegen auf eine Erkrankung der Atmungsorgane hin. Selbst eine Rhinitis, ein harmlos erscheinender „Schnupfen" kann für einen Vogel schnell zu einer lebensbedrohlichen Erkrankung werden. Vom Erwerb eines solchen Tieres ist deshalb in jedem Fall abzuraten.

Zuletzt erfolgt ein kurzer Blick auf das **Verdauungssystem** bzw. die Stoffwechselendprodukte des Vogels. Auch hier hat der Laie die Möglichkeit, ohne medizinische Untersuchungen erste Aussagen über den Gesundheitszustand eines Vogels zu treffen. Die Kloake und das sie umgebende Steißgefieder des Tieres müssen sauber und unverklebt sein. Dies deutet auf einen normalen Kotabsatz hin, derweil an Durchfall erkrankte Vögel in der Regel ein verschmutztes Aftergefieder aufweisen. Der Kot eines Vogels liefert ggf. ebenfalls Hinweise auf Erkrankungen des Verdauungstraktes. Bei einem gesunden Vogel ist seine Beschaffenheit fest und besteht aus einem bräunlich-grünen Kotanteil sowie einem weißen Harnanteil. Wässriger, farblich veränderter oder blutiger Kot deutet meist auf eine ernstliche Erkrankung des Verdauungstraktes hin. Allerdings sei hier darauf hingewiesen, dass nervöse Vögel oder Tiere, die gefangen und transportiert werden, nicht selten dünnen oder wässrigen „Angstkot" absetzen – eine Erscheinung, die innerhalb kürzester Zeit wieder verschwinden kann, wenn sich die Lebensumstände des Tieres normalisiert haben.

Sollte sich die Möglichkeit bieten, den zum Kauf vorgesehenen Vogel in die Hand zu nehmen (siehe Abschnitt „Handling, Transport und Eingewöhnung"), ist das Hauptaugenmerk auf seinen **Ernährungszustand** zu richten. Dazu tastet man die Brust- und Bauchregion des Tieres ab. Der große Brustmuskel – als paariges Organ beiderseits des fühlbaren „Brustbeinkammes" angeordnet – gibt Auskunft über den Ernährungszustand des Vogels. Ist das Muskelgewebe nur dünn aufgelagert und tritt das Brustbein scharf hervor, ist Vorsicht geboten. Ein solcher Vogel ist unterernährt. Dafür können verschiedene Ursachen verantwortlich sein: z. B. ein starker Endoparasitenbefall oder auch andere organische Erkrankungen.

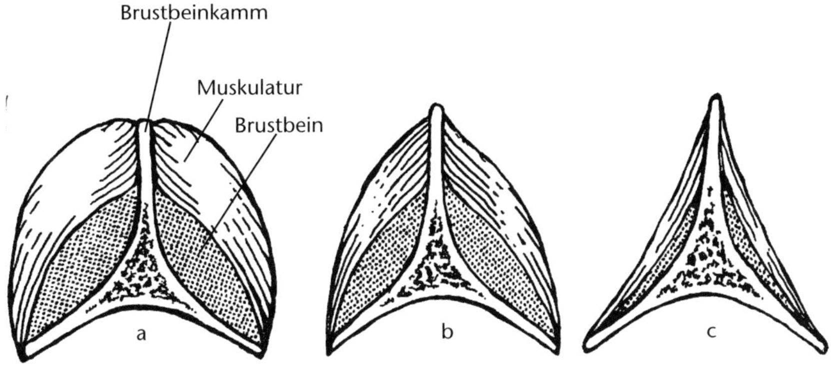

a Normale Muskulatur bei einem Vogel in gutem Ernährungszustand und mit Flugtraining

b Mäßige Bemuskelung eines Vogels ohne Flugtraining

c Schlechte Bemuskelung, die auf einen schlechten Allgemeinzustand (Abmagerung) hindeutet

Beurteilung des Ernährungszustandes eines Vogels am Brustbeinkamm (nach Geyer 1973).

Zu guter Letzt soll nicht unerwähnt bleiben, dass bei uns auch heute noch Nymphensittichimporte angeboten werden. Sie kommen nicht etwa als Wildvögel aus dem Ursprungsland, sondern aus so genannten Drittländern wie z. B. China. Dort „produziert" man Wellensittiche und Nymphensittiche in großen Zuchtanlagen in solchen Mengen – z. B. für den europäischen Markt –, dass diese Vögel offenbar trotz Transport- und Quarantänekosten mit den ohnehin preisgünstigen Vögeln aus Inlandszuchten konkurrieren können. Aus der Sicht des Tierschutzes sind solche Praktiken in höchstem Maße fragwürdig, so dass vom Erwerb solcher Tiere in jedem Fall Abstand genommen werden sollte.

Rechtliche Voraussetzungen und Formalitäten beim Kauf

Sobald der Kaufentschluss feststeht, bedarf es wie bei jedem anderen Kauf bestimmter Formalien, mit denen der zukünftige Nymphensittichhalter vertraut sein sollte.

Um einen ordnungsgemäßen Nachweis über die Herkunft des Tieres führen zu können, sollte man als Käufer in jedem Fall eine Rechnung verlangen, auf der die Vogelart, die Ringnummer (siehe unten), das Datum des Erwerbs, der Kaufpreis und ggf. bestimmte zugesicherte Eigenschaften (z. B. das Geschlecht, das Alter) des Vogels unterschriftlich vermerkt werden. Damit ist später immer ein sicherer Herkunftsnachweis zu führen.

Aufgrund der in Deutschland bestehenden seuchenrechtlichen Bestimmungen muss der Vogel mit einem amtlichen Fußring gekennzeichnet sein. Der Vogel darf also nur mit einem solchen Ring den Besitzer wechseln, unabhängig davon, ob er aus einer privaten Hobbyzucht oder aus einem Zoogeschäft stammt. Ein solcher Ring wird nur von staatlich anerkannten Ringstellen an Händler und Züchter vergeben. Seine eingravierte Nummer wird dort registriert und erlaubt die individuelle und später nachvollziehbare Kennzeichnung von Papageienvögeln, zu denen auch der Nymphensittich gehört. Im Falle des Ausbruchs von Vogelseuchen, die auch auf den Menschen übertragbar sind (z. B. die Papageienkrankheit), muss sichergestellt sein, dass die Wege der verkauften Vögel und der Nachzuchten nachvollzogen und Seuchenbekämpfungsmaßnahmen gezielt eingeleitet werden können. Aus diesem Grund hat der Gesetzgeber für Händler und Züchter das Führen eines so genannten „Amtlichen Nachweisbuches“ (siehe Abschnitt „Zucht“) vorgeschrieben. Dort werden Herkunft und Verbleib aller im Besitz befindlichen oder zum Verkauf stehenden Sittiche und Papageien vermerkt. Somit muss auch der Käufer seine vollständige Anschrift beim Anbieter hinterlassen.

In der Schweiz existieren zahlreiche Richtlinien des Bundesamtes für Veterinärwesen, zur Präzisierung von Gesetzen und Verordnungen. Beim Import von Papageien und Sittichen ist eine Einfuhrbewilligung des Eidgenössischen Veterinäramtes, ein Gesundheitszeugnis aus dem Exportland, eine Quarantänezeit und eine Beringung vorgeschrieben. Wenn Handel mit Sittichen und Papageien betrieben wird, erfolgt eine lückenlose Kontrolle des Vogelbestandes durch die Veterinärbehörden. Für die Haltung geschützter Arten besteht eine Bewilligungspflicht für Volieren- und Quarantäneanlagen.

In Österreich besteht keine grundsätzliche Quarantänepflicht, sondern nur dann, wenn ein begründeter Verdacht auf Einschleppung einer seuchenhaften Erkrankung vorliegt. Die amtliche Beringung ist bei WA-Exemplaren vorgeschrieben. Die Regelungen werden in den österreichischen Bundesländern nicht einheitlich gehandhabt.

Weiterer Formalitäten bedarf es nicht. Eine so genannte CITES-Bescheinigung als Nachweis für rechtmäßig importierte geschützte Arten ist beim Nymphensittich nicht erforderlich. Er gehört zu den drei Papageienarten (außerdem noch Wellen- und Halsbandsittich), die im Sinne des internationalen Artenschutzes nicht als schutzbedürftig eingestuft und deshalb nicht im Washingtoner Artenschutzübereinkommen aufgeführt sind. Aus dem gleichen Grund ist auch eine Anmeldung des Vogels bei der Stadt, beim Kreis usw. nicht vorgeschrieben, weil er nicht zu den Wirbeltieren der „besonders geschützten Arten“ zählt.

Die reine Haltung des Nymphensittichs, auch wenn es sich um mehrere Exemplare handelt, ist bislang nicht genehmigungspflichtig. Erst bei Zuchtversuchen ist eine Genehmigung der Veterinärbehörde einzuholen (siehe Abschnitt „Zucht“). Nichtsdestoweniger hat aber auch der private Halter die Kriterien einer artgemäßen Tierhaltung einzuhalten und hat darüber hinaus dafür Sorge zu tragen, dass seine Nachbarn oder Hausmitbewohner von den Lautäußerungen der Tiere (z. B. bei einer Freivolierenhaltung) nicht belästigt werden. Die einschlägigen Gerichtsurteile zeigen meist wenig Verständnis für den Tierhalter und geben in der Regel den Einsprüchen der Belästigten statt. Ist dann keine Einigung in beiderseitigem Einverständnis möglich, muss die Tierhaltung unter Umständen sogar aufgegeben werden. Deshalb ist es sicherlich besser, vorher über diese Bestimmungen nachzudenken, als hinterher Maßnahmen zu ergreifen, die dann fast zwangsläufig zu Lasten der Tiere gehen.

Handling, Transport und Eingewöhnung

Einfangen

In der Regel wird man sich den zu erwerbenden Vogel vom Anbieter aus dem Käfig oder der Voliere fangen lassen. Dies kann auf verschiedene Weise geschehen. Aus kleinen Käfigen wird der Vogel meist direkt mit der Hand ergriffen, indem das betreffende Tier blitzschnell von hinten mit der ganzen Hand umfasst wird, wobei Daumen und Zeigefinger den Kopf des Vogels fixieren, damit er nicht zubeißen kann. Hier ist eine gewisse Erfahrung und – im wahrsten Sinne des Wortes – Fingerspitzengefühl erforderlich, um den Vogel möglichst schonend greifen und festhalten zu können. Mancher Vogelzüchter bedient sich vorsorglich eines Handschuhs, denn Nymphensittiche können mitunter arg zubeißen. In diesem Fall sollten aber keine schweren Lederhandschuhe (mit denen man beispielsweise Aras und große Kakadus ergreifen würde) zum Einsatz kommen, denn sie gestatten kaum das nötige Gefühl für das Ergreifen eines so zarten Vogels.

Die andere Methode besteht darin, den Vogel mittels Handkescher aus der Voliere zu fangen. Man sollte bemüht sein, das Tier möglichst wenig zu jagen und mit gezielten Versuchen zügig einzufangen. Das kann in großen Volieren, die zudem mit viel (in diesem Fall hinderlichen) Ausstattungsgegenständen bestückt sind, u. U. recht schwierig sein, denn Nymphensittiche sind gewandte Flieger, die dem Netz immer wieder zu entkommen versuchen. Wenn mehrere Fangversuche fehlschlagen, sollte man dem Tier zunächst wieder die Möglichkeit geben, sich zu erholen, bevor weiteres Bemühen einsetzt.

Beim Fang mit der Hand bietet sich zugleich auch die Möglichkeit, den Vogel genauer zu inspizieren (siehe Abschnitt „Erwerb und Auswahl eines gesunden Vogels"), beim Fang mit dem Kescher kann der Vogel ebenfalls mit der Hand entnommen und genauer untersucht werden. Oft verfangen sich die Tiere dabei mit ihren Füßen im Netz und müssen dann vorsichtig befreit werden. Dazu ist u. U. die Hilfe einer zweiten Person erforderlich.

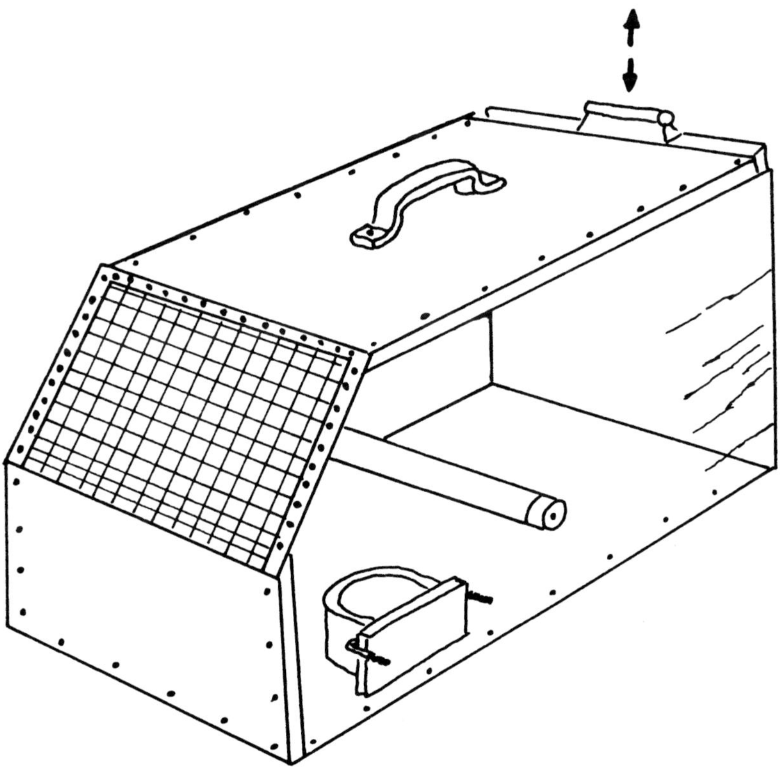

Transportbox für Nymphensittiche und andere Papageien (nach Brockmann & Lantermann 1985).

Transportmöglichkeiten

Transportiert wird der Nymphensittich am günstigsten in einer weitgehend geschlossenen Transportbox. Die Züchter bedienen sich zu diesem Zweck oft so genannter „Einweg-Boxen“ aus Pappe, die von einigen Futtermittelherstellern zu Werbezwecken zur Verfügung gestellt werden. Sie haben den unbestreitbaren Vorteil, dass sie hygienisch einwandfrei sind, aber auch den Nachteil, dass sie kaum längere Zeit halten. Oft knabbern die Vögel die Schachteln bereits innerhalb kürzester Zeit von den Luftlöchern aus an und erweitern sie bald dahingehend, dass sie hinausschlüpfen können. Für längere Transporte sind solche Schachteln daher kaum zu empfehlen, wenngleich es immer wieder Tiere gibt, die in der Dunkelheit dieser Behältnisse so ruhig (bzw. auch verängstigt) sind, dass sie sich darin kaum bewegen oder Knabberversuche unternehmen.

Eine andere Transportmöglichkeit besteht darin, feste Holzkisten mit eingebauter Sitzstange, ggf. auch einem Futter- und Wassernapf zu verwenden. Sie sind in der Regel größer und wesentlich stabiler als die zuvor genannten Behältnisse. In ihnen können die Tiere auch längere Transporte schadlos überstehen. Sie müssen allerdings regelmäßig nach jedem Tiertransport gründlich gereinigt werden, damit den hygienischen Standards entsprochen wird.

Der Transport eines Vogels in seinem gewöhnlichen Käfig ist nicht empfehlenswert. Oft werden die Tiere dabei durch die auf sie einwirkenden Sinneseindrücke derart verunsichert und verschreckt, dass sie ständig angstvoll im Käfig herumflattern und sich dabei die Nasenhaut aufschlagen und die Federn zerstoßen.

Dass ein Nymphensittich möglichst persönlich in Augenschein genommen und dann nach Hause transportiert werden sollte, bedarf heute eigentlich keiner Erwähnung mehr. Zwar gibt es – nachdem die Post den Versand lebender Tiere inzwischen eingestellt hat – diverse private Anbieter, die schnelle und verlustarme Tiertransporte durchführen. Solche „Serviceleistungen“ sind heute aber allenfalls beim Erwerb und Austausch seltener Tiere über weite Entfernungen notwendig, zumal ein privater Transport im Auto, z. B. von Hamburg nach München, sicherlich ähnlich lange dauern würde. Bei Nymphensittichen sollte es – einmal abgesehen von seltenen Farbschlägen – durchaus möglich sein, ein geeignetes Tier in der „Nachbarschaft“ zu erwerben, denn Nymphensittichzüchter gibt es eigentlich immer in der Nähe. Dass es darüber hinaus immer ratsam ist, ein zu erwerbendes Tier zunächst persönlich zu begutachten, liegt auf der Hand (siehe Abschnitt „Erwerb und Auswahl eines gesunden Vogels“).

Nach dem Kaufentscheid sollte das Tier möglichst zügig in seine neue Umgebung gebracht werden. Eine vorübergehende Einzelhaltung in einem Käfig oder einer so genannten Zimmervoliere mag in der ersten Zeit der Eingewöhnung empfehlenswert sein. Hier kann man Nahrungsaufnahme, Kotabgabe, Verhaltensbesonderheiten usw. überprüfen und ggf. korrigieren. Spätestens nach zwei bis drei Wochen sollte das Tier dann aber vergesellschaftet und in eine großräumigere Unterkunft überführt werden.

Auf die herkömmlichen „Maßstäbe“ der Einzelhaltung von Sittichen und Papageien in kleinen Wohnungkäfigen wird der Verfasser an dieser Stelle nicht weiter eingehen (siehe den nächsten Abschnitt).

Haltung und Unterbringung

Wer an die Anschaffung und Haltung eines Nymphensittichs denkt, hat dabei häufig den zahmen und nachahmenden Einzelvogel vor Augen, der in einem kleinen Drahtkäfig lebt und allabendlich eine Stunde Freiflug im Zimmer erhält. Inwieweit dieses Bild der Wahrheit entspricht und die durchschnittliche „Lebensqualität“ der gehaltenen Nymphensittiche widerspiegelt, soll von dieser Warte aus nicht beurteilt werden. Es gibt solche Haltungen zweifellos und ebenso zweifellos sind solche Haltungsbedingungen für die Vögel unzumutbar, nicht selten sogar – bei aller guten Absicht der Halter – tierquälerisch. Ob es sich nun um wild gefangene, seltene oder gar vom Aussterben bedrohte Großpapageien handelt, oder – wie in diesem Fall – um durchweg nachgezüchtete kleine Sittiche, die bereits als vollständig domestizierte Haustiere eingestuft werden: Die Grundbedürfnisse nach ausreichendem Platzangebot und nach einem Sozialpartner müssen unabhängig vom Status einer Vogelart vom Pfleger berücksichtigt werden.

Demnach kann die Nymphensittichhaltung in einem handelsüblichen Wellen- und Nymphensittichkäfig ebensowenig artgemäß sein wie die Einzelhaltung eines solchen Vogels, dessen einziger Sozialkontakt in der gelegentlichen Zuwendung des Menschenpartners besteht. Zweifellos sucht ein einzelner Nymphensittich in Ermangelung eines Artgenossen schnell Anschluss an den Pfleger, wird – besonders als Jungvogel – leicht zahm und lernt, Tonfolgen zu pfeifen und Geräusche nachzuahmen. Solche „Notlösungen“ jedoch als Wohlbefinden des Vogels und besondere Eignung für ein Haustierdasein zu interpretieren, ist im höchsten Maße vermessen und geht an den wirklichen Bedürfnissen der Tiere vorbei.

Ein handelsüblicher Käfig, wie er häufig für die Sittich- und Papageienhaltung im Zoohandel angeboten wird, ist keine geeignete Dauerunterkunft für Nymphensittiche (Zeichnung: Bollwerk).

Aus diesen Gründen soll an dieser Stelle – abweichend von den meisten anderen Nymphensittichbüchern – nicht weiter von der Einzelhaltung im Zimmerkäfig die Rede sein. Damit soll jedoch nicht gesagt werden, dass eine artgemäße Nymphensittichhaltung in der Wohnung nicht möglich ist. Lediglich die Maßstäbe sind gegenüber früheren Darstellungen andere.

Zimmervoliere und Freiflug

Gehen wir als Grundvoraussetzung davon aus, dass ein Nymphensittichpaar dauerhaft in der Wohnung gehalten und kein Zimmerfreiflug gewährt werden soll, wird als geeigneter Unterbringungsplatz eine kleine Voliere mit einer entsprechenden Ausstattung benötigt. In einer Unterkunft von etwa 70 cm Tiefe und

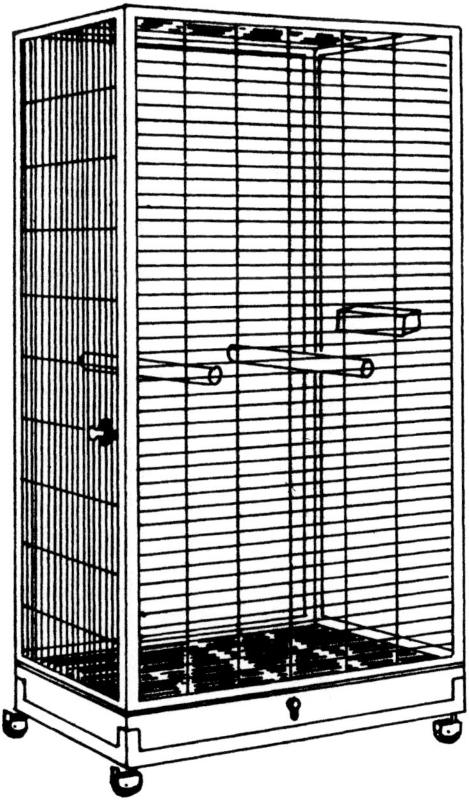

Zimmervoliere für die paarweise Haltung von Nymphensittichen in der Wohnung (Zeichnung: Bollwerk).

Nymphensittich (wildfarbig, geperlt und zimt, v. l.) in einer naturnah gestalteten Voliere.

Im Gegensatz zu den handelsüblichen Käfigen gewähren Zimmervolieren den Tieren schon ein gewisses Maß an Bewegungsfreiheit.

150 cm Länge (bei 2 m Höhe) haben die Tiere schon ein gewisses Maß an Bewegungsfreiheit – zumindest im Vergleich zu einem handelsüblichen Nymphensittichkäfig.

Gemessen an ihrem Flugvermögen ist eine solche Voliere dagegen eher klein und als Vogelhalter wird man erwägen müssen, ob den Tieren nicht trotzdem ein gelegentlicher Freiflug im Zimmer gewährt werden sollte. Dies hat – außer der größeren Bewegungsfreiheit – den Vorteil, dass die Tiere einer Vielzahl von Sinnesreizen ausgesetzt werden können, indem sie bevorzugte Stellen in der Wohnung anfliegen, dort – je nach Bedürfnis – klettern, knabbern, spielen oder auch ruhen.

Der Nachteil liegt dagegen in den vielfältigen Gefahren, die ein solcher Freiflug bieten kann: Entweichen durch das offene Fenster, Eingeklemmtwerden in Ritzen oder Spalten, Vergiftung durch Zimmergrünpflanzen usw. Dazu kommen bestimmte Eigenschaften und Verhaltensweisen, die mehr oder weniger allen Sittichen und Papageien bei der Wohungshaltung zu eigen sind, trotzdem aber längst nicht von allen Pflegern klaglos akzeptiert werden: das Anknabbern teurer Möbel, Bücher oder sonstiger Einrichtungsgegenstände; das Turnen und Hangeln in Gardinen, die dadurch Schaden nehmen können; das Beknabbern der Tapeten; das Anknabbern von Lampenkabeln; das Absetzen von Kot an vielerlei Stellen in der Wohnung.

Gewiss erreichen diese Dinge nicht solche Ausmaße wie bei der Großpapageienhaltung, aber viele Vogelpfleger werden die dafür notwendige Toleranz möglicherweise dennoch nicht über Jahre hinweg aufbringen und somit lieber auf die Freiflughaltung ganz verzichten wollen. Wie dem auch sei: Bei der Wohungshaltung sind in jedem Fall Kompromisse notwendig. Entweder wird man die zuvor beschriebenen Gefahren und Nachteile der Freiflughaltung abzuwenden versuchen bzw. in Kauf nehmen oder man wird sich um eine möglichst große Voliere als Dauerunterkunft bemühen, die innerhalb der Wohnung installiert wird. In geräumigen Wohnungen bietet sich unter Umständen die Möglichkeit, ein leer stehendes Zimmer, z. B. das Gästezimmer, in ein Vogelzimmer umzufunktionieren bzw. dort eine große, lang gestreckte Voliere über die gesamte Länge einer Wand einzubauen.

Freivoliere

Die ideale Lösung für die Haltung von Nymphensittichen ist die Einrichtung einer Freivoliere mit Schutzhaus im Garten. Dabei muss es sich durchaus nicht um eine aufwändige, kostenintensive Konstruktion handeln. Ein bereits vorhandener Schuppen, eine leer stehende Garage oder ein kleiner Kellerraum kann meist ohne großen Aufwand zum Schutzhaus umgebaut werden. Wichtig ist, dass ein solcher Raum groß genug, hell, trocken und nicht zugig ist und sich zudem künstlich beleuchten und ggf. auch leicht beheizen lässt.

Für zwei Nymphensittiche genügt schon eine Innenraumgröße von ein bis zwei Quadratmeter Grundfläche, für eine Familiengruppe oder einen kleinen Schwarm sind entsprechend größere Abmessungen erforderlich. Bei ohnehin dunklen Räumen sollte zum einen ein heller Anstrich mit ungiftiger Wandfarbe vorgenommen und zum anderen ein Beleuchtungskörper (Leuchtstoffröhre) installiert werden. In der Winterzeit wird die Lampe über eine Zeitschaltuhr so geschaltet, dass sich die hellen Tagesstunden für die Tiere auf einen gleichmäßigen (12-stündigen) Hell-Dunkel-Rhythmus verlängern. Bei den heutigen technischen Möglichkeiten bietet sich an, mit einem Dimmer zu arbeiten, der beispielsweise morgens um 7.00 Uhr das Licht anschaltet und allmählich heller werden lässt, am frühen Abend gegen 18.00 Uhr dann die Dämmerungsphase einleitet, bis das Licht etwa gegen 19.00 Uhr dann wiederum erlischt. Daneben empfiehlt sich, in den dunklen Phasen eine schwache Notbeleuchtung eingeschaltet zu haben. Auf diese Weise können sich die Tiere auch nachts orientieren, z. B. wenn sie erschreckt werden und dabei ihre Ruheplätze verlassen haben.

Die Innenvoliere selbst wird in den meisten Fällen wohl in einen bestehenden Schutzraum eingebaut. Beispielsweise ließe sich ein vorhandener Schuppen mit einer Grundfläche von 2 × 3 m derart aufteilen, dass zum einen ein Futtergang von 1 m Breite entstünde. In diesen Gang mündet die Außentür ein, hier ist ggf. das Heizgerät angebracht und hier lagert auch das Futter. Günstig wäre in diesem Futtergang darüber hinaus ein Handwaschbecken mit Wasseranschluss und -abfluss zum Reinigen der Futter- und Wassernäpfe usw.

Die eigentliche Voliere, die in unserem Beispiel eine Grundfläche von 2 × 2 m aufweist, wird mit einem Gitterrahmen vom Futtergang abgetrennt. Bei Nymphensittichen kann die Rahmenkonstruktion durchaus aus Holz bestehen. Geeignet sind z. B. Vierkanthölzer mit Kantenmaßen von 4 × 4 cm oder 5 × 5 cm. Sie werden passgenau gesägt, mit Schrauben und/oder Metallwinkeln verbunden und schließlich mittels Dübeln und Schrauben an

Freivolieren stellen die ideale Unterkunft
für Nymphensittiche dar.

Der inzwischen weit verbreitete „weiße" Nymphensittich (Lutino) ist ein äußerst attraktiver Volierenvogel.

Wand, Boden und Decke befestigt. Im genannten Beispiel wären zwei separate Rahmen von 1 m Breite und der entsprechenden Höhe des Schutzhauses zu empfehlen. Ein Rahmenbauteil muss eine Tür (vgl. Abb. S. 58) enthalten. Solche Rahmen sind zum einen besser zu transportieren als größere Abmessungen, zum anderen lassen sie sich außerhalb – z. B. in der Werkstatt – zusammenbauen und passen später durch die Vogelhaustür und drittens ist das empfehlenswerte Drahtgitter in einer Breite von 100 cm im Fachhandel zu beziehen. Bei diesem Drahtgeflecht handelt es sich um punktgeschweißtes, verzinktes Viereckgeflecht, das in verschiedenen Abmessungen, Maschenweiten und Drahtstärken vertrieben wird. Verschiedene Herstellerfirmen bieten dieses Material an.

Die gängigste Breite ist 100 cm. Eine für Nymphensittiche geeignete Maschenweite ist 12,7 × 12,7 mm bei einer Drahtstärke von ca. 1 mm. Dieses Geflecht hält zum einen noch den Schnäbeln der Sittiche stand, zum anderen werden unerwünschte Volieren-„Besucher" (Wiesel, Ratten, erwachsene Mäuse) fern gehalten.

Nachteilig wirkt sich die enge Masche auf den „Durchblick" aus. Besonders bei ganz neuem, glänzenden Draht wird die Sicht auf die Tiere von außen behindert.

Diesen Nachteil kann man auf zweierlei Weise ausgleichen: Der glänzende Draht lässt sich mittels Lackrolle und schwarzer bzw. dunkelgrüner matter Lackfarbe relativ einfach und zügig streichen. Das so behandelte Drahtgeflecht reflektiert weniger Licht und behindert kaum noch den Blick auf die Tiere.

Zusätzlich oder alternativ kann man grobmaschigeres Geflecht (z. B. 25 × 25 mm, bei 2 mm Drahtstärke) verwenden. Hier finden aber Schadnager ungehindert Zugang zu den Volieren. Die Gefahr besteht ja nicht allein darin, dass die Nager zu Nahrungskonkur-

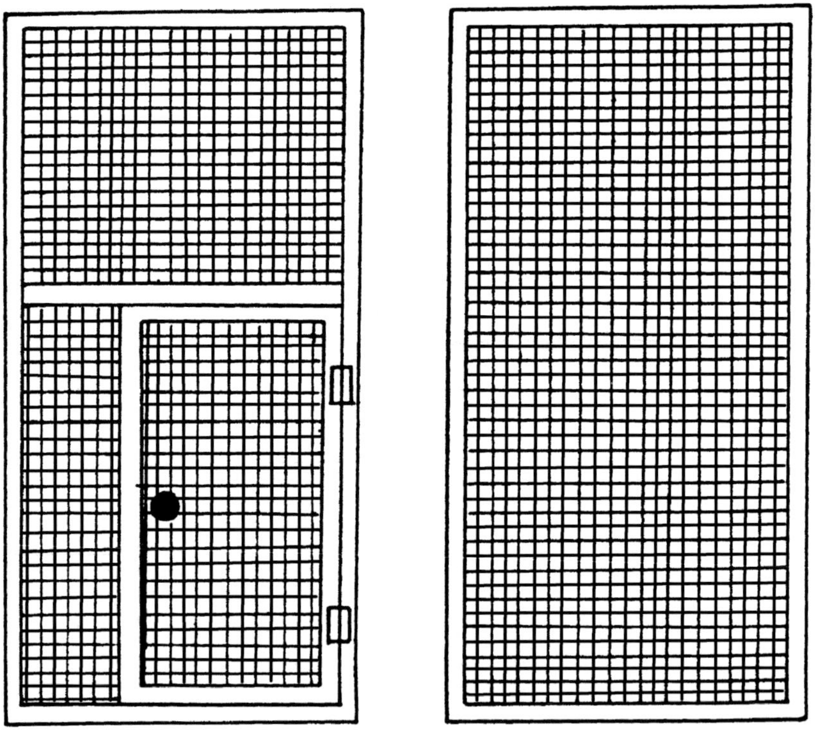

Volierenbauteile mit Holz- oder Metallrahmen lassen sich von handwerklich versierten Vogelhaltern preisgünstig selbst herstellen (Zeichnung: Bollwerk).

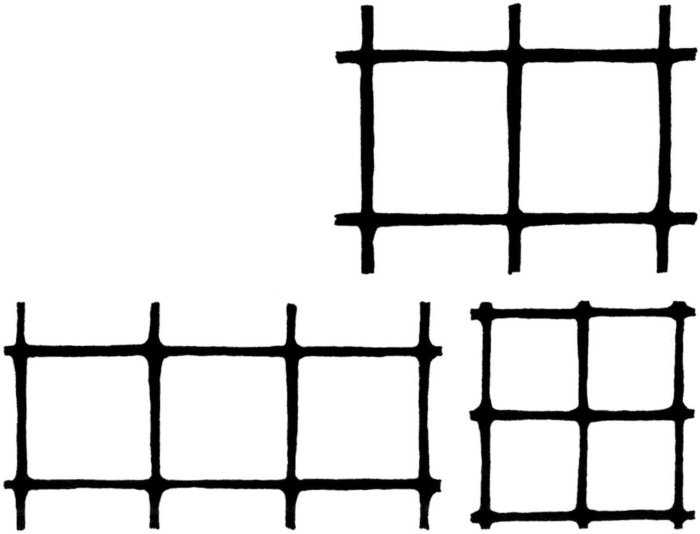

Im Fachhandel erhältliches Drahtgeflecht in unterschiedlichen Stärken und Abmessungen (Zeichnung: Bollwerk).

renten werden, die Voliere durch ihren Kot und Urin verunreinigen und ggf. Krankheiten einschleppen können. Es sind in der Züchterliteratur auch Fälle beschrieben, in denen Schadnager eine Gefahr für brütende Tiere, Eier und Jungvögel darstellten. Im Einzelfall müssen Volierenbaumaßnahmen und die Verwendung des Drahtgeflechts demnach sorgfältig bedacht werden.

Der Volierendraht wird nun passgenau zugeschnitten und mittels Holzkrampen – auf der Innenseite – auf den Holzrahmen festgenagelt. Die Krampen dürfen auf keinen Fall zu schwach sein und von den Tieren aus dem Holz herausgezogen werden können, denn dann stellen sie eine ernst zu nehmende Gefahr für die Tiere dar, falls diese sie verschlucken. Noch besser ist das Anschrauben des Drahtgitters mit Hilfe von Holzschrauben und dazu passenden Unterlegscheiben, die den Draht festklemmen.

Beim Drahtzuschnitt sollte darauf geachtet werden, dass möglichst alle frei liegenden Holzteile mit Drahtgeflecht bedeckt sind.

Dies mindert die Gefahr, dass die Volierenbewohner die Holzrahmen zu sehr beknabbern. Besonders gefährdet sind frei liegende Kanten von Holzbalken. Sie sollten durch Leichtmetallwinkel geschützt werden. Andernfalls muss man damit rechnen, dass die Vögel die Ecken „abrunden“ und die Voliere dadurch schnell unansehnlich wird.

Das Holz kann mit einem giftfreien Holzschutzmittel behandelt werden. Das Drahtgeflecht benötigt in Innenräumen jahrelang keine Pflege und rostet selbst an Außenvolieren unbehandelt erst nach rund einem Jahrzehnt. Ein mattschwarzer Lackanstrich, der mittels Lackrolle aufgetragen wird, verbessert nicht nur den optischen Eindruck einer Voliere und erhöht die Durchsicht auf die Vögel (siehe oben), sondern stellt auch einen Schutz für das Drahtgeflecht dar.

Die Schutzhauswände werden einmal jährlich gründlich gesäubert und mit einer hellen, ungiftigen Wand- oder Fassadenfarbe neu gestrichen. Es versteht sich von selbst, dass jedweder Anstrich vollständig durchgetrocknet sein muss, ehe die Vögel in die Voliere gesetzt werden.

Natürlich wäre als Nymphensittichhalter mit größeren Ambitionen durchaus auch an den vollständigen Neubau eines Vogelhauses zu denken. Hier muss jedoch an die jeweiligen Bauvorschriften und – was die Ausführung einer solchen Baumaßnahme angeht – auf die einschlägige Literatur verwiesen werden (z. B. Albrecht 1989, Robiller 1990).

An die eben beschriebene Innenvoliere sollte sich die Freivoliere unmittelbar anschließen. Beide Volierenteile sind durch einen verschließbaren (Metall-)Schieber oder durch ein Schwingfenster (z. B. mit Glasbausteinen bestückt) miteinander verbunden. Ebenso wie eine Innenvoliere kann eine Freivoliere aus Holzrahmen von 1 m Breite und etwa 2 m Höhe bestehen, die aneinander geschraubt werden. Die Stärke der Hölzer richtet sich hier nach der Gesamtgröße der Voliere. Je größer eine Voliere werden soll, um so größere Holzprofile empfehlen sich. Großvolieren, die aus einem Dachlattengerüst bestehen, bieten keine Stabilität und kein ansprechendes Äußeres, sondern wirken instabil und zerbrechlich. Geeignete Holzpfosten für eine Voliere von 2 × 2 m Grundfläche sind mindestens 6 × 6 cm stark, bei größeren Volieren empfehlen

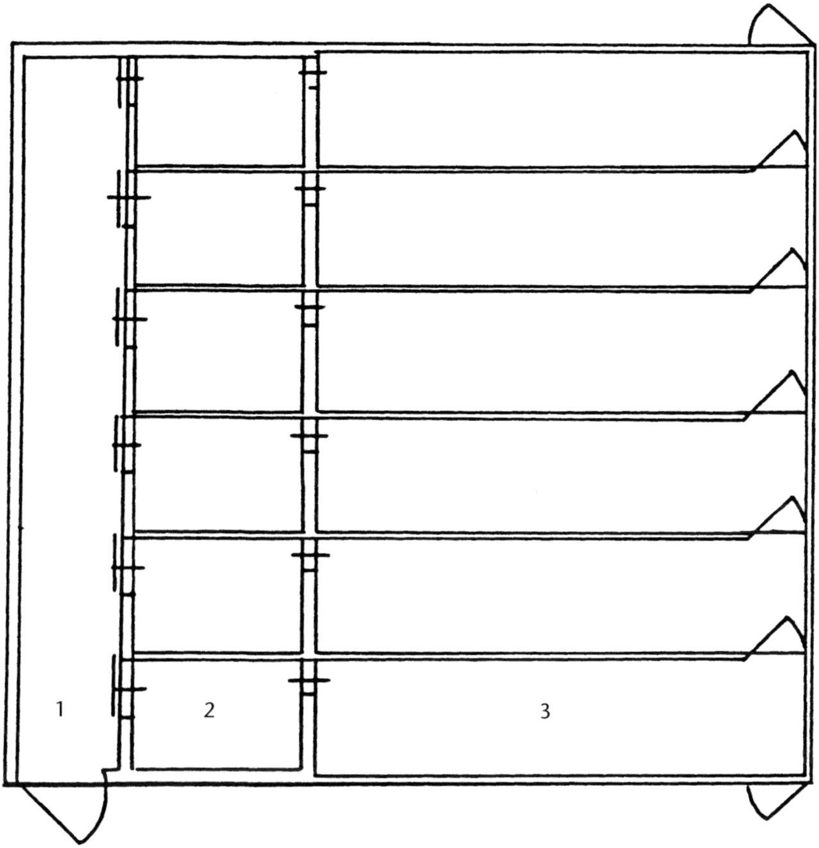

1 Futtergang, 2 Innenräume, 3 Außenvolieren

Grundriss für eine Sittichzuchtanlage (nach Lantermann 1994).

sich aus statischen und optischen Erwägungen Holzprofile mit 8 × 8 cm bis 10 × 10 cm Kantenlänge. Sie werden wiederum in Rahmenbauweise erstellt, mit Draht bespannt und am Schutzhaus befestigt. Durch eine solche Rahmenbauweise lassen sich später Volierenteile ausbauen (z. B. bei Renovierung oder Anstrich) oder bei der Veränderung des Volierengrundrisses weiterverwenden bzw. ergänzen. Selbstverständlich kann ein solches Volierengerüst auch an Ort und Stelle, sozusagen an einem Stück, erstellt werden. Diese Bauweise spart Material und kann individuelle Gegebenheiten und Wünsche berücksichtigen. Nur der spätere Abbau und die Weiterverwendung der Bauteile gestaltet sich schwieriger.

Wesentliches Element einer Freivoliere ist eine „Schleuse". Dies ist ein der eigentlichen Voliere vorgebauter, kleiner drahtbespannter Raum, den der Pfleger durch eine erste Tür betritt, diese hinter sich schließt und von dort durch eine zweite Tür erst in die Voliere gelangt. Ein solcher Zusatz ist leicht zu erstellen und verhindert zuverlässig, dass Vögel beim Betreten der Voliere unbeabsichtigt entweichen können. Wer nur zwei oder wenig mehr Vögel hält, kann u. U. auf eine solche Schleuse verzichten, wenn er seine Tiere beim Betreten der Voliere sorgsam im Auge behält und nur bei passender Gelegenheit die Tür öffnet.

Selbstverständlich kann ein Außengerüst auch aus Metallrohren zusammengeschraubt oder -geschweißt werden. In diesem Fall wird das Volierengeflecht mit verzinktem Bindedraht am Eisengestell befestigt. Eine solche Lösung ist natürlich dauerhafter als ein Holzgerüst. Allerdings sind Metallprofile keineswegs wartungsfrei, es sei denn, sie bestehen vollständig aus Aluminium oder nichtrostendem Stahl. Andernfalls müssen selbst verzinkte Rohre nach einigen Jahren gestrichen werden, wenn die ersten Roststellen auftreten. Hinzu kommt, dass solche Metallvolieren einerseits wesentlich teurer sind als Holzprofile, zum anderen oft auch optisch kein besonders ansprechendes Bild bieten. Während bei der Großpapageienhaltung die Metallvoliere das Mittel der Wahl ist, bietet sich die Nymphensittichhaltung durchaus in Holzvolieren an, weil die Tiere keine großen Holzzerstörer sind.

Der Vollständigkeit halber sei erwähnt, dass sich allein in Deutschland mehrere Hersteller auf die Fertigung von Normteilen für Volieren spezialisiert haben. Adressen, über die Prospektmaterial und Preislisten angefordert werden können, finden sich im Anzeigenteil der einschlägigen Vogelhalterzeitschriften (siehe Literaturverzeichnis).

Ein solches Volierengerüst – unabhängig davon, ob es sich um eine Holz- oder Metallkonstruktion handelt – benötigt eine feste Unterlage oder gar ein Fundament. Die schnellste und preisgünstigste Lösung ist das Verlegen von Gehwegplatten in Größe des

Volierengrundrisses. Darauf werden die Volierengerippe – mit flachen Abstandhaltern (wegen der Luftzirkulation) unterlegt – festgeschraubt. Der Nachteil liegt darin, dass sich im Laufe der Zeit, besonders in Frostperioden, Verwerfungen des Untergrundes ergeben können. Sie sind u. U. so gravierend, dass plötzlich junge Ratten, Mäuse und Mauswiesel ungehindert Zugang zu der Voliere finden können.

Wesentlich aufwendiger sind Betonfundamente, die zudem vielfach genehmigungspflichtig sind. Erkundigungen bei der Baubehörde sind also unumgänglich. Ein solches Fundament muss etwa 80 cm tief in den Boden reichen, damit es frostsicher ist. Für die Herstellung muss auf einen Fachmann zurückgegriffen oder auf die Fachliteratur verwiesen werden. Ein solches Fundament kann entweder so gearbeitet werden, dass es als umlaufendes Mäuerchen etwa 30 cm aus dem Boden herausragt, oder es wird eine solche Mauer aus Klinkern errichtet. Darauf kann später das Volierengerüst verankert werden. Wenn auch der Volieren-

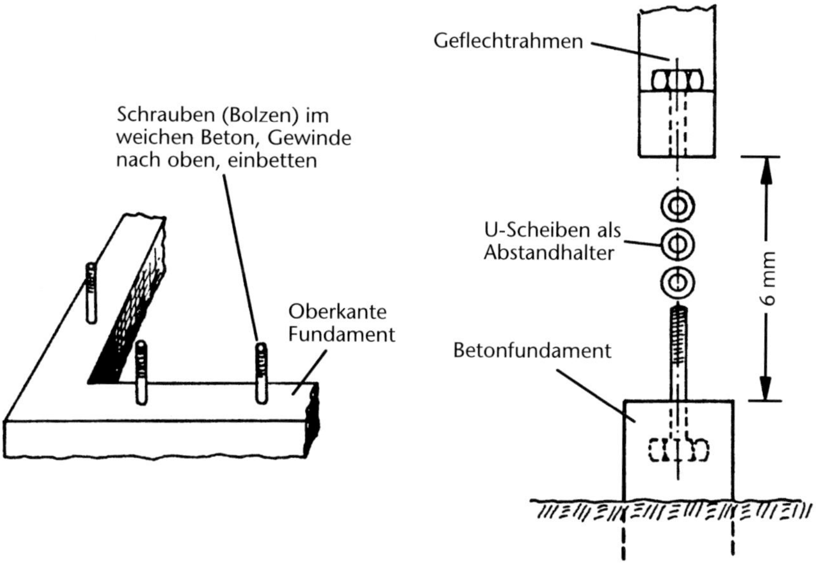

Das gegossene Betonfundament und seine Verbindung mit dem Volierengerüst (nach Delpy 1975).

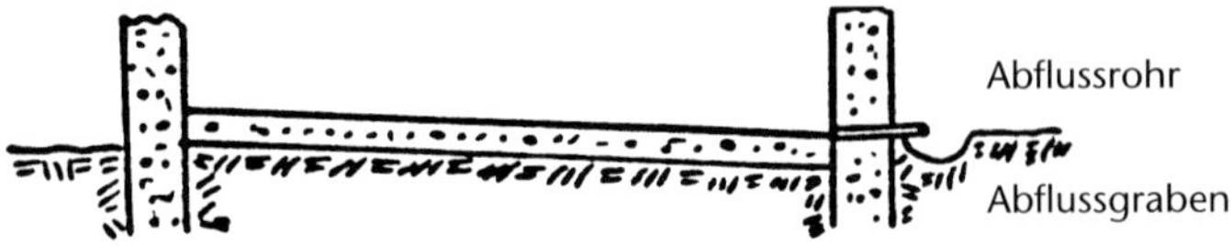

A Nach einer Seite geneigt

B In der Mitte erhöht, nach beiden Seiten geneigt

Wasserabflussmöglichkeiten bei gegossenem Betonboden (nach Delpy 1975).

boden selbst als gegossene Betonplatte angelegt werden soll, sind entsprechende Gefälle und Wasserabläufe einzuplanen. Empfehlenswert ist auch bei umlaufendem Fundament das passgenaue Verlegen von Gehwegplatten im Inneren der Voliere. Sie schützen einerseits vor dem Eindringen von Schadnagern, lassen andererseits aber das auftretende Regenwasser problemlos durch die Fugen abziehen.

Vorteilhaft ist, wenn die Freivoliere zu etwa einem Drittel überdacht wird. Unter einem solchen Vordach halten sich die Vögel häufig auf und schützen sich so vor Regen und starker Sonneneinstrahlung. Das Dach kann aus unterschiedlichsten Materialien gebaut werden. Blech-, Kunststoffplatten oder Drahtglasscheiben sind ebenso geeignet wie die etwas teureren, lichtdurchlässigen Doppelstegplatten. Bei der Montage ist darauf zu achten, dass die Überdachung ein leichtes Gefälle aufweist, das vom Schutzhaus wegführt, damit dessen Außenwände bei Regen nicht ständig feucht werden. An der zur Voliere weisenden Außenkante der Überdachung sollte ggf. eine Dachrinne angebracht werden.

Die Volierenausstattung

Wesentlich für das Wohlbefinden gehaltener Nymphensittiche ist eine geeignete Volierenausstattung. Dazu gehören vor allem Sitzgelegenheiten, eine Bademöglichkeit und Beschäftigungsgegenstände. Die Ausstattung einer Voliere mit einem zweckmäßigen Futterplatz sowie während der Brutzeit mit einem Nistkasten ist selbstverständlich. Die wissenswerten Einzelheiten dazu werden im Abschnitt über die Ernährung bzw. im Zuchtkapitel behandelt.

Alle in Volieren lebenden Sittiche und Papageien benötigen **Sitzgelegenheiten**. Da sich eine Bepflanzung von Psittaciden-Volieren wegen deren regen Nage- und Knabbertätigkeit nicht empfiehlt, greift man auf totes Holz zurück. Die Ausstattung einer Voliere sollte im Allgemeinen vier Aspekten genügen. Dabei steht natürlich das Wohlbefinden der Vögel im Vordergrund.

- Dementsprechend sollten die angebrachten Sitzäste erstens vogelgerecht sein, also in Durchmesser und Beschaffenheit auf die Bedürfnisse der Bewohner zugeschnitten sein. Nymphensittiche benötigen unterschiedliche Sitzäste von etwa 15–30 mm Durchmesser – so können die Tiere ihnen zusagende Sitzplätze selber wählen und auch die Aststärke bei Bedarf wechseln.
- Zweitens müssen die Sitzgelegenheiten so beschaffen sein und angebracht werden, dass sie leicht zu reinigen sind und keine Hygieneprobleme entstehen. Im Idealfall könnten die vorgefertigten glatten Buchenholzstangen verwendet werden. Sie haben allerdings neben dem hygienischen Vorteil zwei Nachteile, wie sich anschließend zeigen wird.
- Ein dritter Aspekt wäre nämlich der, dass Sitzstangen Knabbergelegenheiten bieten sollten, einerseits, um die Vögel zu beschäftigen, und andererseits, um ihnen wertvolle Zusatzstoffe zu bieten, die sie z. B. beim Entrinden frischer Äste zu sich nehmen können. Letzteres können die genannten Buchenholzstangen nicht bieten. Hinzu kommt, dass sie so hart sind, dass Nymphensittiche sie kaum benagen können.
- Viertens sollte die Volierenausstattung schließlich auch für den menschlichen Betrachter einen gewissen ästhetischen Genuss

Sitzäste in unterschiedlicher Stärke tragen zum Wohlbefinden des Vogels bei.

bieten, der ebenfalls mit „sterilen“ Holzstangen aus dem Zoogeschäft oder Baumarkt nicht zu erzielen ist.

Nach meiner Ansicht bieten sich Zweige und Äste von ungiftigen Bäumen, z. B. Obstbäumen, für die Volierengestaltung an. Sie werden zuerst passend beschnitten, danach gründlich gereinigt und schließlich so installiert, dass sie nicht die Flugbahnen einer Voliere verbauen und nicht über den Futter- und Trinkplätzen (wegen der Gefahr der Verunreinigung durch herabfallenden Kot) angebracht werden.

Eine solche Ausstattung mit Naturästen bietet den Tieren unterschiedliche Möglichkeiten bei der Sitzplatzwahl, beschäftigt die Vögel, da diese die frische Rinde abknabbern können, und hinterlässt zudem einen optisch ansprechenden Eindruck. Die herabfallenden Rindenstücke werden regelmäßig ausgeharkt und die Sitzäste in Abständen kontrolliert, bei Bedarf gereinigt oder erneuert.

Ein weiterer Ausstattungsgegenstand für eine Nymphensittichvoliere ist ein **Badebecken**. Man kann dazu ein entsprechendes Betonbecken gießen und in den Volierenboden einlassen. Je nach Größe wäre ein Wasserabfluss von Vorteil. Bei kleinen und ganz flachen Ausführungen lässt sich ein solches Becken auch reinigen, indem man mit einem Besen das verschmutzte Wasser einfach hinausfegt, etwas neues Wasser nachfüllt, das Becken dann mit

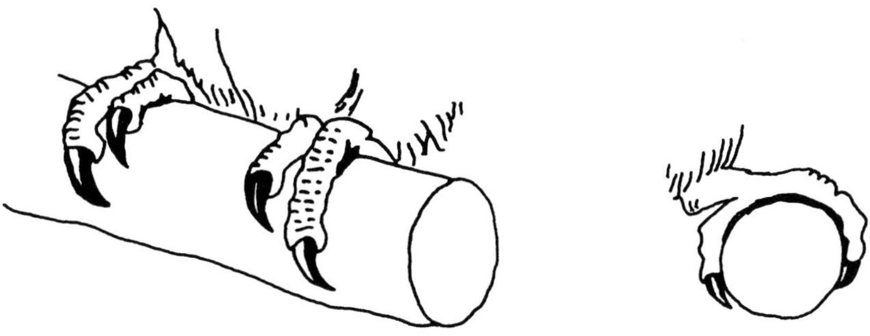

Einige Sitzstangen sollten so beschaffen sein, dass die Vögel sie etwa zu zwei Dritteln umfassen und damit ihre Krallen auf natürliche Weise abnutzen können (nach Pinter 1979).

einer Wurzelbürste ausschrubbt, das Wasser wiederum herausfegt und anschließend mit frischem Wasser auffüllt. Einfacher zu handhaben ist eine transportable flache Wasserschale. Gut geeignet dafür sind glasierte Blumentopfuntersetzer, die in vielerlei Größen im Gartenfachhandel erhältlich sind. Sie werden in der Regel auf den Volierenboden gestellt – am besten ein wenig erhöht auf eine Betonplatte –, damit die Tiere die Voliereneinstreu nicht so sehr ins Wasser tragen und es somit nicht so schnell verschmutzt. Dabei ist natürlich darauf zu achten, dass die Badebecken – ob als transportable Schalen oder fest installiert – nicht unmittelbar unter den Sitzästen stehen, damit die Vögel das Wasser nicht mit Kot verunreinigen können.

Das Badebedürfnis von Nymphensittichen ist sehr unterschiedlich ausgeprägt. Manche Tiere baden regelmäßig, andere selten oder gar nicht. Wenn Nymphensittiche ihre Badeschale nie benutzen, kann das daran liegen, dass der Volierengrundriss für die Vögel ungünstig erscheint, sie sich unsicher fühlen und sich dann nur äußerst widerstrebend auf den Boden begeben. Das kann z. B. in schmalen und lang gestreckten Volieren der Fall sein. Dann empfiehlt es sich, die Badeschale z. B. auf halber Volierenhöhe anzubringen, indem man sie auf eine Art Podest stellt oder einen Wasserschalenständer benutzt, wie er seit geraumer Zeit im Zoobedarfshandel erhältlich ist.

Wer mehr Aufwand betreiben und mehr Geld investieren will, kann sich eine komplette **Beregnungsanlage** vom Installateur anbringen lassen. Sie wird in der warmen Jahreszeit einmal täglich angeschaltet bzw. über eine Zeitschaltuhr in Gang gesetzt. Im Winter unterbleibt der Betrieb einer Beregnungsanlage in der Außenvoliere. Und auch Badeschalen werden solange ausschließlich im Innenraum angeboten, bis das Wasser in der Freivoliere nicht mehr gefrieren kann.

Die **Voliereneinstreu** besteht sowohl im Innenraum als auch in der Freivoliere aus Sand. Dabei ist keineswegs der im Zoohandel erhältliche „Vogelsand" erforderlich, sondern gewöhnlicher grober Rheinsand vom Bauunternehmer tut dieselben Dienste und ist wesentlich preisgünstiger. Er wird in einer ca. 5 cm dicken Schicht in die Volieren eingebracht und kann dann bei Bedarf schnell ausgeharkt werden. Daneben bietet eine solche Sandeinstreu zwei weitere Vorteile. Zum einen können die Tiere dort kleine Steinchen aufnehmen, die sie für ihre Verdauungstätigkeit benötigen (siehe Abschnitt „Ernährung"), zum anderen ist immer wieder beobachtet worden, dass Sittiche gern auf einem dicken Sandboden herumlaufen, dort vielfach auch scharren oder buddeln und gelegentlich sogar Sand- oder Staubbäder nehmen.

Alle zuvor genannten Maßnahmen zur Volierenausstattung (Sitzäste, Badebecken, Sandeinstreu) haben neben dem funktionellen, ernährungsphysiologischen oder hygienischen Aspekt (Sitzen, Krallen- und Schnabelabnutzung, Mineralstoff- und Steinchenaufnahme, Wasser- und Sandbaden) stets auch einen Beschäftigungsaspekt. Und der ist für gehaltene Tiere wesentlich.

Unter dem englischen Fachbegriff **„behavioral enrichment"**, der aus der Tiergartenbiologie stammt, hat man die Bemühungen von Tierhaltern zu verstehen, die Verhaltensmöglichkeiten ihrer Pfleglinge zu erweitern und das eintönige Käfig- und Volierenleben etwas abwechslungsreicher zu gestalten. Bei der paarweisen Nymphensittichhaltung in einer Freivoliere mit entsprechender Ausstattung besteht die Gefahr weitaus weniger, dass sie vor lauter Langeweile zu neurotischen Schreiern und Federrupfern werden, als z. B. bei einzeln gehaltenen Großpapageien in Zimmerkäfigen. Dennoch lässt sich auch in solchen Haltungen das Reizspektrum für die Tiere durchaus noch erhöhen.

Dies kann beispielsweise geschehen durch abwechslungsreiches Futter und eine Verabreichung von mehreren kleinen Futterportionen über den Tag verteilt, durch das gelegentliche Anbieten von belaubten Zweigen, das Bereitstellen von Ketten und Tauen zum Klettern und Anfliegen usw. Dem Einfallsreichtum des Pflegers sind dabei kaum Grenzen gesetzt. Diese Maßnahmen sind dazu geeignet, das Verhaltensspektrum der Tiere zu erweitern, der Volierenlangeweile entgegenzuwirken und die Vögel dadurch auf lange Zeit in psychisch einwandfreiem Gesundheitszustand zu halten.

Im Gegensatz zu vielen Neuweltsittichen halten sich Nymphensittiche oft am Boden auf und nehmen dort Sandkörnchen (zur Verdauung) und ggf. auch ausgestreutes Körnerfutter auf.

Außerhalb der Brutzeit können Nymphensittiche problemlos mit Wellensittichen vergesellschaftet werden.

Nymphensittiche in der Gemeinschaftsvoliere

In größeren Volieren lassen sich Nymphensittiche sowohl in der Gesellschaft von Artgenossen, als auch in der Gesellschaft anderer Vögel halten.

Nymphensittiche beiderlei Geschlechts leben außerhalb der Brutzeit auch in recht begrenzten Volieren friedlich zusammen. Zur Brutzeit sondern sich die Paare ab und bekämpfen einander – allerdings auf recht niedrigem Intensitätsniveau, so dass in der Regel kein Tier zu Schaden kommt. Wenn keine Nistkästen bereitgestellt werden, klingen diese aggressiven Auseinandersetzungen bald wieder ab. Sofern man als Vogelpfleger seine Tiere jedoch zur Zucht bringen will, empfiehlt sich die paarweise Abtrennung der brutwilligen Paare.

In sehr geräumigen Volieren lassen sich Nymphensittiche aber auch im Schwarm züchten. Dann allerdings sollten etwa doppelt so viele Nistkästen vorhanden sein wie es Sittichpaare sind, damit keine Rangeleien um bevorzugte Brutplätze entstehen können.

Nymphensittiche vertragen sich auch mit anderen Vogelarten in einer Gemeinschaftsvoliere. Es sind viele Beispiele bekannt, dass sie mit Finkenvögeln, Tauben, Wellen- und Grassittichen zusammen gehalten werden konnten, ohne dass es zu größeren Komplikationen gekommen wäre. Allerdings wird man dann in der Regel davon ausgehen müssen, dass nur die größeren Nymphensittiche zur Brut schreiten werden, während alle anderen Volierenmitbewohner kaum die nötige Ruhe für das Brutgeschäft finden. Ausnahmen bilden Wellensittiche. In einer Gemeinschaftsvoliere des damaligen Oberhausener Instituts für Papageienforschung in der Größe von etwa 5 × 3 m (zuzüglich Innenraum) lebten seinerzeit zwölf Nymphensittiche mit einem etwa 30köpfigen Wellensittichschwarm zusammen. Letztere brüteten regelmäßig und wurden dabei von den Nymphensittichen kaum behelligt.

Die Vergesellschaftung von Nymphensittichen mit größeren Sittichen oder Papageien kann dagegen problematisch sein. Der Versuch, in die zuvor genannte Volierengemeinschaft vorübergehend zwei Halsbandsittiche zu integrieren, musste nach wenigen Stunden aufgegeben werden, weil diese den Nymphensittichen arg zusetzten und ihnen Bissverletzungen an den Füßen zufügten. Auch die Gemeinschaftshaltung mit Agaporniden, besonders Rosenköpfchen (*Agapornis roseicollis*), bleibt selten ohne Probleme. Die kleinen Papageien sind durchaus in der Lage, Nymphensittiche aus ihren Nisthöhlen zu vertreiben, ihnen Bissverletzungen an den Beinen zuzufügen und ihnen auch sonst arg zuzusetzen.

Ernährung

In ihrem natürlichen Lebensraum nehmen Nymphensittiche bevorzugt (Gras-) Sämereien zu sich und decken zudem einen Teil ihres Nahrungsbedarfes zur Reifezeit in den Getreideanbaugebieten – sehr zum Leidwesen der Farmer.

Diese Hauptzusammensetzung des Nahrungsspektrums machte es den ersten Nymphensittichfängern und -händlern im vorigen Jahrhundert recht leicht, die Nahrungsansprüche der Wildfänge zu befriedigen. Und wenn zu Beginn des Überseehandels zwischen Australien und Europa noch viele Sittiche auf dem Seeweg oder kurze Zeit später starben, dann lag dies nicht so sehr am Ernährungsproblem, sondern eher an den schlechten Transportbedingungen und den langen Transportzeiten.

Heute sind Nymphensittiche hinsichtlich ihrer Nahrungsansprüche völlig an handelsübliche Futtermischungen angepasst, die sich aus mehreren Sämereien zusammensetzen. Geeignete Futtermittel sind Hirse, Glanz, Hafer, Weizen, Kardi, Negersaat und ein kleiner Anteil an Sonnenblumenkernen. Letztere sollten aber recht sparsam verfüttert werden, da sie sehr fetthaltig sind und die Vögel bei übermäßiger Aufnahme von Sonnenblumenkernen zur Verfettung neigen.

Futtermittel	Rohprotein	Rohfett	Kohlenhydrate	Rohfaser	Mineralstoffe
Sonnenblumenkerne geschält	20,2	54,5	5,9	4,0	2,5
Glanz	14,9	5,5	52,3	8,9	6,2
Negersaat	18,2	40,4	12,7	13,5	3,3
Kardisaat	14,3	27,8	16,5	31,2	3,0
Kolbenhirse	11,7	4,2	61,7	7,4	3,0
Hafer	11,4	4,8	58,3	19,5	3,2
Weizen	10,8	1,7	71,3	2,6	1,7
Mais	9,4	4,1	70,6	2,4	1,5
Ebereschenbeeren	1,1	1,5	20,1	2,7	0,6
Äpfel	0,3	0,3	13,5	2,3	0,4

Tabelle 2: Nährstoffzusammensetzung (in Prozent der Trockenmasse) einiger Futtermittel aus der Nahrungspalette des Nymphensittichs (nach Robiller 1993).

Futterangebot für den Nymphensittich: Großsittichfuttermischung, Hirsesaaten, Obst und Tannenzapfen zum Beknabbern.

Eine solche Körnerfuttermischung stellt das **Grundfutter** dar, das den Tieren stets in ausreichendem Maße zur Verfügung stehen sollte. Man kann es aus Einzelsaaten selbst zusammenstellen, es gibt jedoch auch fertig abgepackte Futtermischungen für Nymphensittiche bzw. „Großsittiche“ im Zoohandel. Hier sollte man lediglich auf den Anteil an Sonnenblumenkernen achten. Das im Zoohandel erhältliche „Papageienfutter“ ist für Nymphensittiche in der Regel zu grobkörnig, zu fetthaltig und deshalb ungeeignet.

Neben dieser Grundnahrung bekommen Nymphensittiche Obst und Grünfutter. An Obst kann man alle verfügbaren und im Handel erhältlichen Sorten, die auch für den menschlichen Verzehr geeignet sind, anbieten. Allerdings nehmen viele Tiere nur bestimmte Angebote wahr. Als Faustregel gilt, dass beinahe alle Nymphensittiche Äpfel und Möhren gern zu sich nehmen. Alles andere bedarf u. U. geduldigen, mehrfachen Anbietens, bevor die Tiere es akzeptieren.

Als **Grünfutter** bieten sich bestimmte Garten-„Unkräuter" an, z. B. Vogelmiere und Löwenzahn, Wegerich und Hirtentäschelkraut. Aus dem Gemüsegarten ist Salat, Spinat, Mangold und Petersilie geeignet. Letztere enthält viele wertvolle Inhaltsstoffe, wird aber von vielen Sittichen anfangs nur ungern genommen. Alles Obst und Grünfutter wird klein geschnitten und in gesonderten Futternäpfen angeboten.

Löwenzahn stellt für die meisten Sittiche ein begehrtes Grünfutter dar.

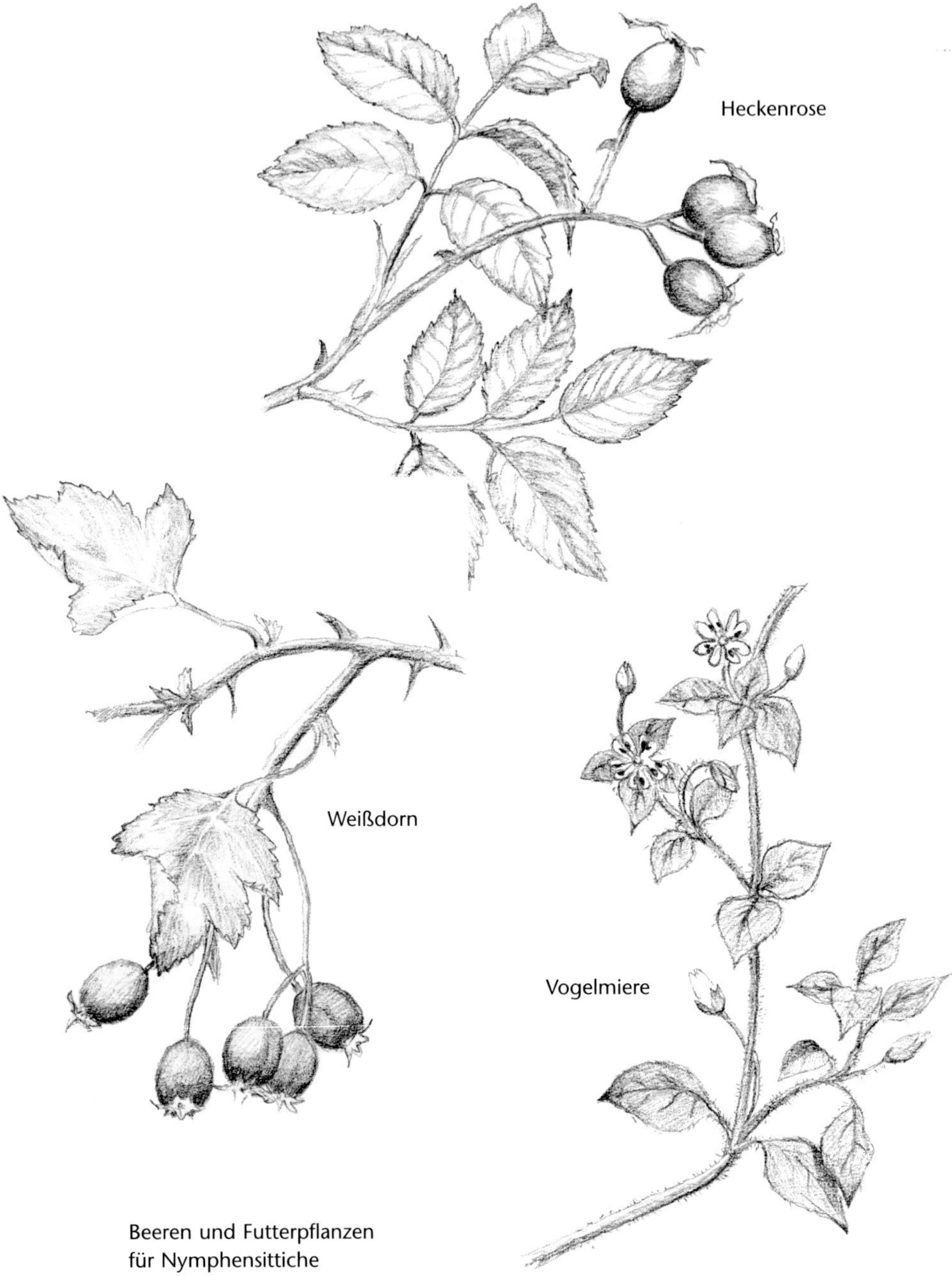

Beeren und Futterpflanzen
für Nymphensittiche

Besondere Leckerbissen stellen darüber hinaus verschiedene Beerensorten (vor allem Holunder- und Ebereschenbeeren), frischer (noch milchiger) Mais sowie die gelegentliche Gabe von Kolbenhirse dar.

Mineralstoffe werden durch Zugabe von Futterkalk und Grit (einmal wöchentlich über das Obst gestreut) den Tieren zugeführt. Zur Ergänzung kann ein (harter) Kalk- oder Mineralstein am Volierengitter angebracht werden. Er unterstützt zusätzlich die Abnutzung des Schnabelhorns. Kleine Steinchen, die die Vögel zur Unterstützung ihrer Verdauung (Reibetätigkeit des Muskelmagens) benötigen, entnehmen die Tiere aus der Sandeinstreu.

Bei einer derart abwechslungsreichen und ausgewogenen Ernährung bedarf es keiner weiteren Futterzusätze. Wer jedoch wenig Obst und Gemüse füttert, sollte den Vitaminbedarf der Vögel durch synthetisch hergestellte Vitaminbeigaben ergänzen, die meist hochkonzentriert sind und in flüssiger Form dem Trinkwasser beigegeben werden.

Zur Brutzeit können sich Ergänzungen des Nahrungsspektrums empfehlen, sie sind aber bei einem ausgewogenen Nahrungsangebot keineswegs zwingend erforderlich. In den ersten Tagen der Jungenaufzucht nehmen Nymphensittiche gern Biskuits oder in Wasser eingeweichtes und ausgedrücktes Weißbrot. Auch frischer Mais oder gequollene Sämereien gehören dann zur bevorzugten Nahrung.

Die **Quellfutterherstellung** ist denkbar einfach: Die für einen Tag erforderliche Futtermenge wird in eine Schüssel gegeben, mit Wasser bedeckt und anschließend über Nacht warm gestellt. Am nächsten Tag muss das inzwischen leicht gequollene Futter in einem Sieb unter fließendem Wasser gründlich durchgespült werden und kann dann den Vögeln verabreicht werden. An warmen Sommertagen besteht leicht die Gefahr, dass ein solches Futter verdirbt und dies den Tieren dann schadet. Die Quellfutter-, Weichfutter- und Obstnäpfe dürfen deshalb grundsätzlich nur wenige Stunden in der Voliere verbleiben, müssen dann entfernt und anschließend besonders gründlich gereinigt werden.

Trink- und **Badewasser** erhalten die Vögel täglich frisch und direkt aus der Wasserleitung. In Gegenden mit besonders schlechtem oder stark gechlortem Trinkwasser kann es erforderlich werden, auf so genanntes „stilles“ Mineralwasser auszuweichen. Wer dagegen aus Vorsicht – unabhängig von der Wasserqualität – seinen Tieren grundsätzlich nur Tee, Fruchtsäfte und Mineralwasser anbietet, tut zweifellos zuviel des Guten.

Das Futter wird den Tieren getrennt in mehreren separaten Futternäpfen angeboten. Vier Näpfe für jede Voliere sind ratsam: einer für Körnerfutter, einer für Obst und Grünfutter, einer für Grit und andere Zugaben, einer für Wasser. Zur Brutzeit, wenn zusätzlich Weichfutter angeboten werden soll, wird noch ein fünfter Napf benötigt.

Als **Futterschalen** sehr geeignet sind die im Blumen- und Gartenhandel angebotenen glasierten Blumentopfuntersetzer aus Ton. Sie sind in mehreren Größen erhältlich, relativ flach, leicht zu reinigen und zudem preiswert. Im Zoohandel sind seit einigen Jahren auch Futternäpfe aus Edelstahl erhältlich. Sie sind ebenso gut geeignet, aber wesentlich teurer.

Die Futterschalen sollten etwa in halber Volierenhöhe auf einem Futterbord stehen, das von außerhalb – ohne dass die Voliere betreten werden muss – durch eine Futterklappe zu bedienen ist. Ein solches Futterbord besteht am günstigsten aus einem grobmaschigen Metallgitter mit umgebogener Außenkante von ca. 5 cm Höhe, an der eine Anflugstange bzw. ein Sitzast befestigt werden kann. In diesen Drahtkorb werden nun die Futter- und Wassergefäße gestellt. Der Vorteil besteht darin, dass alle Futterreste, Samenhülsen usw. direkt durch das Gitter auf den Volierenboden fallen und dort leicht entfernt werden können. Dies hält zum einen das Futterbord sauber und erspart dem Pfleger die tägliche Reinigung, zum anderen kommen die Vögel weniger mit ihren eigenen Hinterlassenschaften in Berührung, was aus hygienischer Sicht sicherlich ein Vorteil ist.

Oft ist auch die Frage der **Fütterungszeit** diskutiert worden. Viele Autoren empfehlen die Einhaltung eines regelmäßigen Futterrhythmus, also die Fütterung zu einer bestimmten Tageszeit. Aus der Sicht der Tiergartenbiologie wäre die mehrmalige Verfütterung kleiner Futterportionen über den Tag verteilt zu empfehlen. Auf diese Weise wären die Vögel mehrmals täglich mit der Futteraufnahme beschäftigt – ein wichtiger Aspekt, um deren Langeweile entgegenzuwirken. Auch die Erreichbarkeit des Futters zu

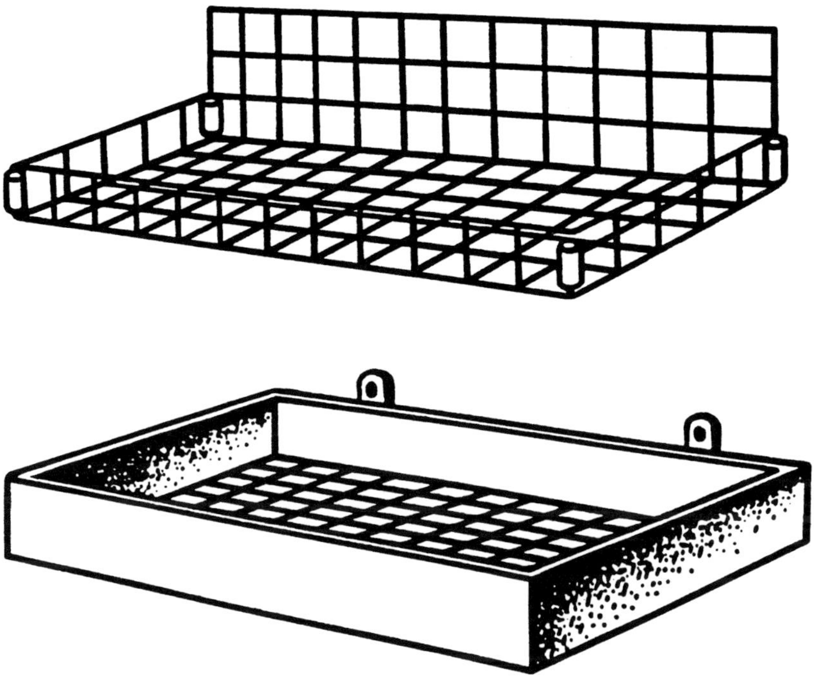

Futterbord nach Robiller (1990).

erschweren, wie man dies heute in der Primatenhaltung vielfach tut, um die Tiere zu beschäftigen, wäre eine Aufgabe für den Vogelpfleger, die Innovation und Kreativität voraussetzt. Bei den privaten Vogelhaltern werden solche Vorstellungen in aller Regel aus Zeitmangel scheitern und selbst im Zoo hat sich eine solche Vorgehensweise bei der Vogelernährung noch nicht durchgesetzt. So bleibt es vermutlich in den meisten Anlagen bei der täglichen Einmal-Fütterung, wobei dann in jedem Fall aber Ausgewogenheit und Abwechslungsreichtum des angebotenen Futters im Vordergrund stehen sollten.

Pflege- und Hygienemaßnahmen

Pflege- und Hygienemaßnahmen gelten nicht nur den Vögeln selbst, sondern auch der Volierenanlage.

Ein wichtiger Grundsatz ist, jeden gehaltenen Vogel täglich einmal genau zu betrachten. Dies sollte zum einen aus einer gewissen Entfernung geschehen, um Verhaltensauffälligkeiten, häufiges Ruhen und Schlafen mit aufgeplustertem Gefieder u. Ä. schnell feststellen zu können. Zum anderen ist jeder Vogel danach auch aus der Nähe zu betrachten. Ist er munter, sind seine Augen klar, seine Nasenlöcher trocken und unverklebt, hat er Futter zu sich genommen, hat sein Kot eine normale Konsistenz usw. Im Zweifelsfall bieten sich eingehendere Beobachtungen und ggf. die Überführung in einen Krankenkäfig bzw. ein Tierarztbesuch an (siehe Abschnitt „Empfehlungen für den Krankheitsfall").

Pflegemaßnahmen beinhalten z. B. die Pflege des Gefieders. Normalerweise übernimmt jeder Vogel das Putzen seines Gefieders selbst, indem er mehrmals täglich jede einzelne Feder mit Hilfe von Schnabel und Zunge reinigt. Allerdings lässt sich dieser Prozess ein wenig unterstützen, indem der Pfleger den Vogel mit einer Blumenspritze gelegentlich abduscht, damit er seinen Gefiederstaub verliert. Wenn eine Sprinkleranlage in der Voliere installiert ist, erübrigt sich dies. Manche Vögel lernen eine solche Dusche mit der Zeit zu schätzen, andere gewöhnen sich nie daran und weichen den Wasserstrahlen regelmäßig aus.

Eine weitere Pflegemaßnahme besteht in der regelmäßigen Überwachung des Hornwachstums der Krallen und des Schnabels. Krallen und Schnabel befinden sich stets im Wachstum und werden im Freileben an rauen Sitzästen bzw. durch eine rege Knabbertätigkeit abgeschliffen. Aus diesem Grund ist es wichtig, dass gehaltenen Nymphensittichen Äste und Zweige unterschiedlicher Form und Beschaffenheit zur Verfügung stehen, an denen sie sowohl Krallen als auch das Schnabelhorn abwetzen können. Geschieht dies nicht in erforderlichem Maße, lassen sich ggf. auch Korrekturen vornehmen. Allerdings müssen dann die Haltungsbedingungen dahingehend verändert werden, dass solche Eingriffe auf Dauer nicht mehr notwendig sind.

	Protein	Fett	Kohlenhydrate	Natrium	Kalium	Kalzium	Phosphor	Eisen	A	B1	B2	C
	g	g	mg	mg	mg	mg	mg	mg	I.E.	g	g	mg
Kopfsalat	1,2	0,2	1,7	8	220	20	35	0,6	1 500	60	90	10
Endivien	1,7	0,2	2,0	50	350	50	50	1,4	900	52	120	9
Spinat	2,4	0,4	2,4	60	660	110	48	3,0	8 200	86	240	47
Mangold	1,8	0,3	2,9	90	380	100	40	2,7	5 900	100	160	40
Rapunzel	1,8	0,4	2,6	44	20	30	50	2,0	7 000	65	80	30
Petersilie	4,4	0,4	9,8	30	1000	240	130	8,0	12 080	140	300	170
Möhren	1,0	0,2	7,3	45	280	35	30	0,7	13 500	70	55	6
Rote Beete	1,5	0,1	7,6	86	340	30	45	0,9	180	22	40	10
Radieschen	1,0	0,1	3,5	17	25	53	426	1,5	38	33	30	30

Tabelle 3: Nährstoffe in 100 g essbarem Anteil (nach Brockmann & Lantermann 1985).

Zur Krallen- und Schnabelhornkorrektur wird der Vogel mit Hilfe eines Keschers eingefangen und dann mit handschuhgeschützten Händen festgehalten, während eine zweite Person mit einer scharfen Nagelschere die Krallenspitzen und die Schnabelspitze einkürzt. Bei solchen Eingriffen ist stets behutsam vorzugehen, damit der Schnitt nicht bis ins blutführende Gewebe dringt. Hier ist ein wenig Erfahrung und Fingerspitzengefühl notwendig. Wer eine solche Maßnahme erstmals durchführen will, sollte besser die Hilfe eines erfahrenen Vogelpflegers oder Tierarztes in Anspruch nehmen.

Was die **Pflege der Haltungsanlage** betrifft, unterteilen sich die Arbeiten in tägliche und periodisch notwendig werdende Arbeiten.

Täglich werden die Futter- und Wassernäpfe gründlich gereinigt, das Futterbord von Futterresten befreit, der Volierenboden unter den Futterstellen ausgeharkt und die Badeschalen gesäubert und mit frischem Wasser aufgefüllt.

Wöchentlich wird die gesamte Voliere ausgeharkt und zudem das Astwerk von Kot und Futterresten gereinigt.

Monatlich werden die Sitzäste überprüft und ggf. erneuert, die Sandeinstreu des Bodens ergänzt und die Beschäftigungsgegenstände in der Voliere gewechselt.

Halbjährlich bis jährlich wird die gesamte Bodeneinstreu ausgetauscht, dabei die Voliere komplett gründlich gereinigt, desinfiziert und ggf. neu gestrichen.

In Abständen von mehreren Jahren sind darüber hinaus Neuanstriche der Volierenrahmen und des Drahtgitters, u. U. auch der Austausch des Volierendrahtes notwendig. Größere Umbauarbeiten sollten auf ein Mindestmaß beschränkt bleiben und außerhalb der Brutzeit stattfinden, damit die Vögel nicht mehr als unbedingt notwendig gestört werden.

5 Nymphensittiche beobachten

Wenn früher die Zähmung und das Sprachtraining des einzeln gehaltenen Nymphensittichs im Vordergrund der Bemühungen vieler Vogelhalter stand, so rücken diese Motive heute immer mehr in den Hintergrund. Immer häufiger spielen inzwischen die Aspekte einer artgemäßen Tierhaltung die wichtigste Rolle. Dazu gehört die paarweise oder Gruppenhaltung der Vögel und die Unterbringung in einem geräumigen Käfig oder einer Voliere. Mit diesem Motivwandel hat sich auch die Rolle des Halters verändert. Er sieht sich demnach nicht mehr so sehr in der Rolle des „Ersatzpartners", der durch häufige Beschäftigung mit dem Vogel und dem Anbieten von „Streicheleinheiten" die sozialen Defizite des Vogels auszugleichen versucht. Stattdessen sieht er seine Funktion verstärkt in der des sachverständigen und zuverlässigen Pflegers, der dauerhaft für ein artgemäßes Haltungssystem (großräumige Unterbringung, abwechslungsreiche Ernährung, Spiel- und Beschäftigungsgegenstände, Sauberkeit und Hygiene) zu sorgen hat. Darüber hinaus wird er seine Motivation bei der Vogelhaltung vor allem in der Beobachtung des (Sozial-)Verhaltens seiner Vögel sehen und sich an dem munteren Treiben seiner Tiere erfreuen.

Viele Verhaltensweisen zeigen die Vögel auch in kleineren Käfigen, das volle Verhaltensinventar kommt jedoch erst in großzügigen Freivolieren und bei der Gruppenhaltung zum Vorschein. Die folgenden Abschnitte wollen dazu beitragen, dass der interessierte Vogelhalter das Verhalten seiner Pfleglinge besser kennen lernt und in die biologischen Zusammenhänge einzuordnen weiß. Darüber hinaus werden im Abschnitt „Systematische Verhaltensbeobachtungen" erste Anleitungen für die genauere Dokumentation von bestimmten Verhaltensweisen und die Bearbeitung bestimmter Fragestellungen gegeben.

Verhalten – angeboren, erlernt und angepasst

Das Verhalten einer Tierart ist geprägt durch das Zusammenspiel angeborener und erlernter Komponenten, deren Anteile von Tierart zu Tierart ganz unterschiedlich sein können. Ganz allgemein gesprochen kann man davon ausgehen, dass der Anteil des Erlernten mit der Höherentwicklung einer Tierart in der Stammesgeschichte steigt. Wirbellose Tiere haben demzufolge in der Regel weniger Möglichkeiten zur Verhaltensanpassung und reagieren eher mit angeborenen Verhaltensmustern auf die unterschiedlichen Lebenssituationen. Höher entwickelte Tiere, z. B. höhere Säugetiere (besonders Primaten) und Vögel, verfügen dagegen in der Regel über ein enormes Lernvermögen, das zu differenzierten Verhaltensanpassungen auch in unerwarteten Lebenssituationen führen kann.

Papageien gehören innerhalb der Wirbeltierklasse der Vögel zu den höchstentwickelten Formen. Neben den Raben und Eulen haben sie gut entwickelte Großhirnhemispheren und im Vergleich zur Körpermasse die relativ höchsten Hirnmassen unter den Vögeln. Hinzu kommt, dass die größeren Papageienarten gegenüber den kleineren einen relativ größeren Großhirnanteil aufweisen. Dadurch sind sie in der Regel „klüger“, das heißt lernfähiger als die kleineren Vertreter. Nymphensittiche stehen in dieser Hinsicht eher am „unteren Ende“ der Skala der Papageienarten und sind gegenüber den neuweltlichen Aras und Amazonen und dem afrikanischen Graupapagei deutlich im „Nachteil“, was ihre Lern- und Anpassungsfähigkeit betrifft. Nichtsdestoweniger gehören auch sie – gemessen an den meisten anderen Vogelarten – zur „Hochintelligenz“ im Vogelreich und zeichnen sich unter anderem durch bestimmte Lernverhaltensweisen aus, z. B. durch die Nachahmung menschlicher Laute und anderer Geräusche.

Häufige Verhaltensformen des Nymphensittichs

Außersoziales Verhalten

Beginnen wir zunächst mit der Beschreibung des außersozialen Verhaltens, das jeder Nymphensittichhalter auch am Einzelvogel beobachten kann. Außersoziales Verhalten umfasst alle die Verhaltensformen, die ein Vogel zur Aufrechterhaltung seiner Körperfunktionen zeigt und die in der Regel nicht im Zusammenhang mit Artgenossen auftreten (müssen). Dazu gehört die Körperpflege (in der Verhaltensforschung als Komfortverhalten bezeichnet), die Wasser- und Nahrungsaufnahme, das Ruhe- und Schlafverhalten (das oft auch dem Komfortverhalten zugerechnet wird), das Beknabbern von Gegenständen und das Spiel sowie die dazu jeweils erforderlichen Bewegungen und Ortswechsel.

Ganz sauber lassen sich die außersozialen und sozialen Verhaltensweisen nicht trennen: Die außersoziale Gefiederpflege kann u. U. beinahe nahtlos in die soziale Gefiederpflege übergehen

Viel Zeit wendet der Nymphensittich täglich für die Gefiederpflege auf.

Die soziale Gefiederpflege dient der Festigung der Paarbindung.

(auch wenn ihr eine andere Motivation zugrunde liegt). Die Nahrungsaufnahme und das Schlafverhalten können durchaus auch soziale Aspekte beinhalten und schließlich wird in einer Volierengemeinschaft aus dem Solitärspiel schnell ein Sozialspiel, an dem sich mehrere Tiere beteiligen. Zur besseren Übersicht wollen wir die beobachtbaren Verhaltensweisen des Nymphensittichs hier aber rein formal in außersoziale und soziale Verhaltensweisen unterteilen.

Eine häufig zu beobachtende Verhaltensform des Nymphensittichs ist die **Gefiederpflege**. Oft nimmt das Putzen einen großen Teil der Tagesaktivitäten ein. Eingeleitet wird es oft nach Ruhephasen, besonders wenn andere Volierenmitbewohner ebenfalls Anstalten machen, sich zu putzen (hier wird wieder der soziale, das heißt stimmungsübertragende Charakter deutlich). Meist beginnt eine Putzsequenz am Kleingefieder des Bauches und setzt sich dann auf dem Rückengefieder fort, bis schließlich die Schwingen und Schwanzfedern erreicht werden, die der Vogel – teils un-

Das Flügelstrecken gehört zum Funktionskreis des Komfortverhaltens.

ter abenteuerlichen Verrenkungen – einzeln durch den Schnabel zieht und dabei von anhaftendem Schmutz befreit. Abschließend wird das Gefieder durch Aufplustern, Schütteln und „Schlankmachen“ wieder in seine ursprüngliche Position gebracht.

Eng verknüpft mit der Gefiederpflege ist die **Pflege von Krallen und Schnabel**. Im Verlauf eines Putzvorganges säubern die Tiere oft auch ihre Füße von sich lösenden Hornschuppen. Gegen das permanente Wachstum von Krallen und Schnabelhorn helfen raue Sitzäste (an denen sich die Krallen von selbst abnutzen) und harte Knabbergegenstände, z. B. Äste und Zweige (zur Abnutzung des Schnabelhorns). Die reibenden „Kaugeräusche“, die ruhende Nymphensittiche oftmals von sich geben, entstehen dadurch, dass Ober- und Unterschnabel gegeneinander gerieben werden und dienen wahrscheinlich hauptsächlich zum Abnutzen und „Schärfen“ der Unterschnabelschneide.

Bei Wachstumsanomalien von Schnabel und Krallen haben die Tiere kaum Möglichkeiten, selber Korrekturen vorzunehmen (manchmal beißen sich die Vögel verlängerte Krallen selber ab). In diesen Fällen ist das Eingreifen des Pflegers oder eines Tierarztes erforderlich.

Mit der Gefiederpflege oft verbunden ist das **Kopfkratzen**. Nymphensittiche kratzen sich wie die Plattschweifsittiche „hintenherum“. Es wird dazu der Flügel der betreffenden Körperseite abgesenkt, der Kratzfuß von hinten über den Flügel zum Kopf geführt und dann werden mit den Krallen Kratzbewegungen ausgeführt. Diese Verhaltensweise mutet altertümlich und umständlich an, könnte der Vogel doch ebenso gut einfach seinen Fuß heben und sich damit am Kopf kratzen. Die beschriebene Verhaltensweise ist ihm jedoch angeboren und manche Ethologen glauben, dass es sich dabei tatsächlich um eine althergebrachte Verhaltensform handelt, die die „modernen“ (höher entwickelten) Papageien, also z. B. die südamerikanischen Amazonenpapageien und Aras, inzwischen überwunden haben. Diese kratzen sich „vornherum“, indem sie den Fuß direkt zum Kopf führen und damit gezielte Kratzbewegungen ausführen. Im Expertenstreit um die Verwandtschaftsbeziehungen der Nymphensittiche zu den Kakadus ist dieses Verhaltensmerkmal oftmals als Kriterium herangezogen worden, denn alle Kakadus kratzen sich – nach Art der „modernen“ Papageien – in der Regel „vornherum“ (siehe Abschnitt „Kennzeichen und systematische Stellung“).

Beim **Strecken** wird – ähnlich wie bei anderen Papageien – ein Flügel und das Bein der gleichen Körperseite nach hinten ausgestreckt. Oft folgt die gleiche Streckbewegung auf der anderen Körperseite und eine weitere Streckbewegung, bei der beide Flügel kurz über dem Rücken angehoben werden. Bei verpaarten Tieren und solchen, die in der Gruppe gehalten werden, erfolgen solche Streckbewegungen nicht selten fast gleichzeitig oder (bei Paaren) manchmal völlig synchron, was auf die starke Wirkung der Stimmungsübertragung bei sozial lebenden Tieren hindeutet.

Wenn ihnen die Gelegenheit dazu gegeben wird und sie daran gewöhnt sind, baden Nymphensittiche sehr gern. Dabei ist zwischen **Regenbad** und **Baden in der Badeschale** zu unterscheiden. Nymphensittiche, die in der Freivoliere gehalten werden, baden meist gern im Regen. Sie tun dies, indem sie zunächst ihr Gefieder sträuben und die Flügel abstellen. Später schlagen sie mit den Flügeln unter Drehen und Wenden des ganzen Körpers, damit sie an allen Körperstellen den Regen mitbekommen. Die Installation einer Art „Beregnungsanlage“ auf der Freivoliere kommt diesem Bedürfnis der Vögel entgegen. Besonders an heißen Sommertagen sollte eine solche Anlage in Betrieb gesetzt werden – am besten zur Mittagszeit oder am frühen Nachmittag, dann sind die Vögel bis zum Abend wieder trocken.

Eine Badeschale (am besten ein flacher, glasierter Blumentopfuntersetzer) wird ebenfalls von manchen Tieren gern genutzt, am häufigsten offenbar von brütenden Paaren gegen Ende der Brutzeit. Das feuchte Gefieder der Tiere dient dann wahrscheinlich zur Regulierung der Luftfeuchtigkeit innerhalb des Nistkastens und erleichtert den Jungvögeln den Schlupf aus dem Ei.

Das **Ruhe- und Schlafverhalten** gleicht dem vieler anderer Papageien. Gesunde, erwachsene Vögel ruhen auf einem Bein, derweil das andere ins Bauchgefieder gezogen wird. Das Gefieder wird beim Ruhen leicht gesträubt, die Augen werden ganz oder teilweise geschlossen. Beim Schlafen wendet der Vogel seinen Kopf um 180 Grad nach hinten und versteckt ihn bis zur Schnabelwurzel im Rückengefieder. Jungvögel ruhen oft noch über eine gewisse Zeitspanne auf zwei Beinen.

Eng verpaarte Vögel ruhen und schlafen eng beieinander. Zu anderen Vögeln in der Voliere halten sie meist eine beträchtliche Distanz ein.

Viele Volierenvögel meiden zu starke Sonneneinstrahlung während der Ruhephasen und ziehen sich in den Schatten (des Innenraumes) zurück.

Zur **Temperaturregulation** wird das Körpergefieder bei großer Hitze glatt angelegt, wobei die Flügel leicht angehoben werden. Bei Kälte wird es gesträubt und damit entsteht ein isolierendes Luftpolster. In der Literatur wird berichtet, dass Nymphensittichweibchen im Freiland während der heißen Mittagszeit oft kopfunter vor ihren Bruthöhlen hingen und den Gelegen oder Jungvögeln mit den Flügeln Luft zufächelten.

Die **Nahrungs- und Wasseraufnahme** des Nymphensittichs weist zwei Besonderheiten auf. Bei der Haltung in Menschenobhut nehmen die Vögel ihre Nahrung in der Regel direkt aus den Futterschalen zu sich. Sie ergreifen dazu ein Futterkorn, entspelzen es mit Hilfe der Unterschnabelschneide und verzehren dann das Korn. Von Früchten und Beeren werden schnabelgerechte Stücke abgebissen, dann wird die Fruchtschale – ähnlich wie beim Samenentspelzen – entfernt und der Bissen vor dem Schlucken zerkaut, wobei der ausgetretene Saft aufgeleckt wird. Im Gegensatz zu den Kakadus ergreifen Nymphensittiche größere Futterbrocken nur selten mit dem Fuß, aber sie tun es (im Gegensatz zu den Beschreibungen mancher Autoren) zumindest gelegentlich. Dies ist also im Verhaltensinventar der Art fest verankert, kommt allerdings weniger häufig vor als bei den verwandten Kakadus. Auch hierin werden wiederum die Schwierigkeiten der systematischen Zuordnung der Nymphensittiche (zu den Kakadus oder den Plattschweifsittichen?) deutlich.

Die Wasseraufnahme erfolgt, indem die Vögel ihren Schnabel in die Wasserschale eintauchen und mit dem Unterschnabel schöpfende Bewegungen ausführen. Danach wird der Kopf gehoben und zurückgelegt. Schnelle Zungen- und hastige Schluckbewegungen begleiten den Vorgang. Damit stehen die Nymphensittiche (und die Kakadus) im Gegensatz zu den meisten anderen Papageien, die weder Schöpfbewegungen mit dem Unterschnabel ausführen noch den Kopf beim Schlucken zurücklegen. Sie tau-

Gelegentlich führen Nymphensittiche größere Nahrungsbrocken mit dem Fuß zum Schnabel.

chen den Schnabel ins Wasser, heben lediglich den Kopf (ohne ihn zurückzulegen) und schlucken dann das im Schnabel befindliche Wasser.

Fortbewegung

Die typische Fortbewegungsform des Nymphensittichs ist das Fliegen. Nymphensittiche sind im Freiland geschickte und ausdauernde Langstreckenflieger – eine Fähigkeit, die bei der Haltung in Menschenobhut in der Regel kaum zum Tragen kommt, da die meisten Volieren und erst recht Käfige und so genannte Zimmervolieren den Vögeln wenig Bewegungsmöglichkeiten bieten. Nymphensittiche gehören im Freiland zu den Steppenbewohnern, deren einzige Möglichkeit, Feinden zu entgehen, in der Flucht besteht. In Menschenobhut hat sich dieses Verhalten auch nach vielen Generationen gezüchteter Vögel noch in bestimmtem Umfang erhalten. So flüchten auch nachgezüchtete Jungvögel unter Umständen noch mit schnellem Flug und übersehen in ihrer Panik dann Hindernisse und Drahtgeflecht, so dass es nicht selten zu Verletzungen – besonders an der Nasenhaut – kommt. Bei der Gruppenhaltung überträgt sich dieses Fluchtverhalten in Sekundenschnelle auf alle übrigen Gruppenmitglieder und es entsteht in solchen Situationen manchmal ein wildes Geflatter innerhalb einer Voliere.

Nur auf dicken Ästen laufen Nymphensittiche vorwärts, auf dünnen trippeln sie seitwärts.

Auf den Sitzästen bewegen sich Nymphensittiche meist seitwärts trippelnd, indem sie – wie auch Wellensittiche das tun – einen Fuß parallel neben den anderen setzen. Kakadus dagegen drehen ihren Körper in Astrichtung und setzen einen Fuß vor den anderen.

Auch auf dem Boden halten sich Nymphensittiche gern auf. Entsprechend ihrer Verhaltensweisen im Freiland, wo sich die Nahrungssuche in der Regel auf dem Boden oder in Bodennähe abspielt, begeben sich Nymphensittiche auch in Menschenobhut immer wieder gern auf den Boden herab, wenn der Volierengrundriss dies zulässt. Sie suchen dann in der Bodeneinstreu nach Essbarem oder nehmen kleine Sandkörner zur Unterstützung des Verdauungsprozesses zu sich. Dabei bewegen sie sich in der Regel laufend vorwärts. Ihre Kakadu-Verwandtschaft bewegt sich dagegen teilweise breitbeinig hüpfend vorwärts. Dies trifft vor allem auf die weißen Kakaduarten zu, derweil bei den dunkel gefärbten Rabenkakadus das Hüpfen bisher nicht als Bestandteil des Lokomotionsverhaltens beobachtet wurde.

Geringe Entfernungen, die nicht fliegend überwunden werden müssen, werden oft kletternd zurückgelegt. Wenn auch Nymphensittiche nicht so geschickte Kletterer wie die meisten Kakadus sind, so benutzen sie doch ebenso ihren Schnabel als Hilfsmittel zum Klettern, haken ihn zum Beispiel am Volierengitter ein, setzen dann die Füße nach und bewegen sich auf diese Weise am Volierendraht auf- oder abwärts.

Soziales Verhalten

Das Sozialverhalten des Nymphensittichs umfasst alle Verhaltensformen, die auf den Artgenossen gerichtet sind. Es dient primär der innerartlichen Verständigung und umfasst im Wesentlichen die paarfestigenden Verhaltensweisen, das Fortpflanzungsverhalten und das agonistische Verhalten. Die wichtigsten Verhaltensformen aus den beiden ersten Bereichen (soziale Gefiederpflege, Partnerfüttern, Balz, Kopulation, Brut, Jungenaufzucht und Jugendentwicklung) werden im weiter unten folgenden Abschnitt „Zucht“ beschrieben. Hier sollen als Ergänzung noch die wichtigsten **agonistischen** Verhaltensweisen (aggressive Auseinandersetzungen, Kampf und Flucht) des Nymphensittichs aufgeführt werden.

Nymphensittichpaar in der Wildfarbe.

Nymphensittiche in den Farben gescheckt, silber, wildfarben, gescheckt und geperlt (v. l.).

Kampfbereitschaft und Flucht stehen – besonders bei geringer Angriffsintention – in einem ständigen Wechselspiel. Beim Imponieren z. B. zielen alle Verhaltensweisen der Vögel darauf ab, den eigenen Körper optisch zu vergrößern und die eigene Stärke zur Schau zu stellen. Dies geschieht durch Ausbreiten der Flügel, Fächern des Schwanzes und durch Aufstellen der Federhaube. Hinzu kommt kraftvolles, auffälliges Stolzieren. Gerade an der Position der Federhaube (aufgestellt – zurückgelegt) ist sehr deutlich die ambivalente (zwiespältige) Stimmung eines Vogels im Spannungsfeld zwischen Angriff und Rückzug ablesbar. Das Ausbreiten der Flügel ist oftmals mit einer Verbeugung nach vorn, teilweise auch mit ruckartigen Körperdrehungen verbunden. Dieses **Imponierverhalten** dient der Abschreckung von Rivalen und der Werbung um ein Weibchen.

Deutlich stärker angriffsmotiviert ist das **Drohen**. Mit geöffnetem Schnabel und leicht abgestelltem Flügelbug begegnen sich die Kontrahenten und führen unter Umständen Schnabelgefechte, in deren Verlauf der jeweils Stärkere ermittelt bzw. die jeweilige Position innerhalb einer Rangordnung ausgefochten wird. Größere Auseinandersetzungen und Verletzungen kommen in Nymphensittichgruppen offenbar kaum vor. Die Imponier- und Drohverhaltensweisen der Vögel sind großenteils ritualisiert und führen in der Regel nicht zu Beschädigungskämpfen.

Demuts- und Fluchtverhaltensweisen sind durch Merkmale gekennzeichnet, die dem Droh- und Imponierverhalten entgegengesetzt sind. Entsprechend präsentieren sich demütige Vögel eher klein und unscheinbar mit glatt angelegtem Gefieder und angelegter Federhaube. Sie verhalten sich manchmal auch wie unselbstständige Jungvögel, die um Futter betteln, und demonstrieren auf diese Weise ihre unterlegene Position. Die Flucht ist das Mittel, um sich Schnabelgefechten und weiteren Angriffen überlegener Vögel zu entziehen. Dabei nehmen die bedrängten Vögel in der Regel allerdings lediglich einen Platzwechsel vor oder fliegen ein kurzes Stück zu einem anderen Ast, um Ruhe zu finden. Verfolgungsjagden finden meist nicht statt, was (mit Blick auf das Freileben der Art) biologisch auch nicht sinnvoll wäre. Denn bei im Schwarm lebenden Vögeln geht es nicht darum, ein Individuum völlig aus der Gemeinschaft zu vertreiben, sondern es lediglich

Schwaches Drohen zwischen Männchen und Weibchen.

Drohverhalten bei einem Männchen.

in seine Schranken zu weisen und die Stärkenverhältnisse festzulegen.

Systematische Verhaltensbeobachtungen

In Forschungsprojekten werden Vögel oft systematisch beobachtet und ihre Verhaltensabläufe werden in der zeitlichen Abfolge und der Häufigkeit des Auftretens mit verschiedenen Meß- und Zählmethoden registriert. Auf diese Weise gewinnen Verhaltensforscher ein bestimmtes Bild von den Lebensabläufen der Tiere. Nur gelegentlich (wenn auch in den letzten Jahren immer häufiger) finden solche Forschungsprojekte im Freiland statt. Hier stellen sich den Forschern aber oft vielerlei Probleme. Die große Mobilität der Vögel erschwert deren Verfolgung im Feld, die meist große Fluchtdistanz der Tiere macht eine genauere Identifikation von Individuen schwierig. Zudem sind meist größere Forschungsmittel zur Finanzierung solcher Projekte notwendig, auch die erforderliche Zeit für ein derartiges Projekt muss zur Verfügung stehen und schließlich ist in der Regel eine universitäre oder institutionelle Anbindung und Betreuung eines solchen Forschungsprojektes angeraten.

Da solche Voraussetzungen nur relativ selten vorliegen oder geschaffen werden können, werden viele Projekte stattdessen unter „seminatürlichen" Bedingungen durchgeführt, das heißt, durch Beobachtungen der Vögel in geräumigen und artgemäß ausgestatteten Volieren ersetzt. Diese Methode birgt den Nachteil, dass manche Verhaltensweisen unter Haltungsbedingungen gar nicht oder nur stark verkürzt oder verändert auftreten und somit gegenüber den Freilandverhaltensweisen ein verfälschtes Bild liefern. Andererseits hat die Methode aber den Vorteil, dass eine Vielzahl von Verhaltensweisen detailgetreu beobachtet und dokumentiert (fotografiert, gefilmt oder bei Lautäußerungen aufgenommen) werden können und zwar viel genauer und in viel kürzerer Zeit, als dies unter Freilandbedingungen möglich wäre. Zudem sind auch bestimmte Experimente möglich. Durch Variation der Gruppengröße, Veränderung der Geschlechterverhältnisse, Entfernen oder Hinzufügen eines Tieres usw. lassen sich künstlich Situationen herbeiführen, deren Auswirkungen Rückschlüsse auf soziale Verhaltensweisen im Bereich von Paarbildung, Rangordnung, Geschlechterstreitigkeiten, Rivalenkämpfen usw. zulassen.

Ideal wäre natürlich die Verbindung beider Methoden: Freilandforschung und detaillierte Beobachtung von Vögeln in Menschenobhut zusammengenommen könnten zu einer profunden Kenntnis der Biologie und Ethologie einer Tierart in Freiland und Menschenobhut führen. Leider sind solche Forschungsergebnisse bisher selten. Für die wenigen bislang vorliegenden Langzeitstudien im Freiland (vor allem über australische Kakadus und Karibik-Amazonen) liegen kaum ergänzende Studien an Volierenvögeln vor. Und umgekehrt lassen sich die vielen vorliegenden Beobachtungen an Volierenvögeln in der Regel kaum durch entsprechende Freilandstudien untermauern. Viele Kenntnisse über das

Nymphensittichpaar – das Weibchen weist infolge ausgeprägter Sozialgefiederpflege einen gerupften Hinterkopf auf.

Verhalten von Volierenpapageien liegen übrigens nicht allein durch systematische Studien (Diplom- und Doktorarbeiten) an Universitäten, Forschungsinstituten oder Zoologischen Gärten vor, sondern sind auch durch private Vogelliebhaber gewonnen worden. Insbesondere im Bereich des Fortpflanzungsverhaltens (Paarung, Eiablage, Brut, Jungenaufzucht) stammen manche Kenntnisse, die heute Eingang in die umfassenden Papageienmonografien und -lexika gefunden haben, aus den Beobachtungen in privaten Zuchtanlagen.

Der private Vogelhalter sollte sich deshalb keineswegs von seinen scheinbar unzureichenden Möglichkeiten der Verhaltensbeobachtung abschrecken lassen. Im Bereich der Papageienkunde, besonders der Papageienethologie, klaffen noch in vielen Bereichen weite Lücken, die durchaus auch von Hobbyforschern gefüllt werden können. Man sollte nur seine Möglichkeiten nicht überschätzen und stattdessen solche Fragestellungen bearbeiten, die mit den zur Verfügung stehenden Mitteln und Möglichkeiten auch wirklich zu klären sind.

Jegliche systematische Beobachtungsarbeit beginnt zunächst damit, sich einen Überblick über das gesamte Verhaltensinventar einer Tierart zu verschaffen. Die häufigsten Verhaltensweisen des Nymphensittichs sind im vorigen Abschnitt schon dargestellt worden und dienen zur groben Orientierung. Alle beobachteten Verhaltensweisen werden zunächst sorgfältig beschrieben, dann kategorisiert und möglichen Funktionskreisen (Komfortverhalten, Nahrungsaufnahme, Fortpflanzung usw.) zugeordnet.

Die detaillierte Auflistung aller vorkommenden Verhaltensweisen nennt der Forscher „Ethogramm“. Dabei ist zu berücksichtigen, dass die Tiere unter den vorherrschenden Haltungsbedingungen vielleicht die eine oder andere Verhaltensform gar nicht oder nur in modifizierter Form zeigen (können).

Anschließend sind Vergleiche mit der bereits vorliegenden Literatur zu empfehlen und in der Regel hilfreich. Dabei wird man auf Gemeinsamkeiten und Unterschiede der Ergebnisse aufmerksam und bekommt Fragen und Gesichtspunkte in den Blick, die bislang gar nicht aufgetaucht sind. Auch ein Blick in die Literatur über verwandte Arten (in diesem Fall in die Kakadu- und Plattschweifsittich-Literatur) kann von Fall zu Fall hilfreich sein.

Nach dieser ersten Orientierung über die vorkommenden Verhaltensweisen kann eine bestimmte Fragestellung oder ein bestimmter Verhaltensbereich genauer bearbeitet werden, z. B. das Badeverhalten des Nymphensittichs, die Frage nach dem Fußgebrauch der Art oder nach dem (umstrittenen) Partnerfüttern. Es können auch Verhaltensvergleiche mit verwandten Arten durchgeführt werden. Dabei ist die **qualitative Forschung** zunächst der erste Schritt: Es wird beschrieben (und verglichen), **wie** eine bestimmte Verhaltensform abläuft, in welchen Varianten sie ggf. vorkommt und wie sie sich ggf. von dem Verhalten der nächstverwandten Art in ihrer Form und Ausprägung unterscheidet. Der nächste Schritt leitet über zur **quantitativen Forschung**. Hier fragt der Beobachter nach der **Häufigkeit** des Auftretens einer bestimmten Verhaltensweise, der **Zeitdauer**, der **Tages-** und ggf. auch **Jahresperiodik** eines Verhaltens usw.

Derartige Beobachtungen lassen sich manchmal schlicht durch Zählungen (Strichlisten) und durch die Verwendung von Stoppuhren (Addition der Zeiten) dokumentieren. Ausgereifter, besser speicherbar und später wieder abrufbar sind solche Messungen und Zählungen dagegen mit einer computergestützten Methode, z. B. mit dem inzwischen relativ bekannten Programm „Observer" (Event Recording and Data Analysis in Behavioural Research, Noldus Information Technology, Wageningen, Niederlande), das zeitweise nur intern in Universitätskreisen kursierte, aber heute auch in Privathand genutzt wird. Die dem Verfasser bekannte Version 3.0 von 1992 ist inzwischen sicherlich längst überholt, bietet aber für den Laienforscher alle wichtigen Möglichkeiten der Datenerfassung und -auswertung.

Durch systematische Beobachtung und Aufzeichnung der Daten über einen vorher bestimmten Zeitraum wird auch der Laienforscher mit der Zeit zu Ergebnissen kommen, die verwertbar sind und es verdienen, veröffentlicht zu werden. Wichtig ist jeweils, dass die angewandte Methode genannt wird, damit der Leser nachvollziehen kann, wie bestimmte Ergebnisse zustande gekommen sind. Auch ein Vergleich mit der bereits vorliegenden Literatur und eine kritische Diskussion der Ergebnisse ist immer notwendig, um die Einordnung von erzielten Ergebnissen in die bisherige Forschungslage zu ermöglichen.

Man mag darüber lächeln, wenn man in einer solchen Arbeit zu lesen bekommt, wie oft ein Nymphensittich am Tag sein Futter in den Schnabel oder den Fuß nimmt, wie oft er den linken oder den rechten Fuß dabei gebraucht, auf welchem Fuß der Vogel gewöhnlich ruht, ob er diesen Ruhefuß wechselt, ob dies der gleiche Fuß ist, den er zur Nahrungsaufnahme benutzt usw. Genaue Beobachtungen und Protokolle zu diesem Themenbereich können aber durchaus Beiträge zu dem Phänomen der „Händigkeit" bzw. „Füßigkeit" von Tieren liefern und dabei auch die Theoriebildung (für die Papageiensystematik und das Grundsatzproblem der „Händigkeit") in diesem Bereich unterstützen. Auch die tageszeitliche Verteilung der Aktivitäten innerhalb einer Sittichgruppe – analysiert durch die Addition der Beschäftigungsdauer in verschiedenen Verhaltensbereichen der Individuen – kann aussagekräftige Ergebnisse erbringen, z. B. Aufschlüsse über die Rangordnung der einzelnen Gruppenmitglieder innerhalb der Gruppe geben.

Diese kleinen Beispiele mögen andeuten, dass auch Laien durchaus in der Lage sind, mit geringen Mitteln und Beobachtungsmöglichkeiten seriöse Beiträge zur Forschung beizusteuern – vorausgesetzt, Methode, Darstellungsweise, Analyse und Kritik der Ergebnisse entsprechen den wissenschaftlichen Anforderungen.

6 Die Zucht

Zuchtvoraussetzungen

Zuchtgenehmigung

Die Zucht von Nymphensittichen ist – wie die Zucht anderer Papageien auch – genehmigungspflichtig. Eine Zuchtgenehmigung wird bei der Veterinärbehörde oder beim Ordnungsamt von Stadt oder Kreis beantragt und unter bestimmten Voraussetzungen auch erteilt. Vor Erteilen der Genehmigung überzeugt sich der beamtete Tierarzt vom ordnungsgemäßen Zustand der für die Zucht vorgesehenen Räumlichkeiten und vom Kenntnisstand des künftigen Züchters. Letzteres kann mit einer kleinen Sachkundeprüfung verbunden sein, in der in der Regel auch Kenntnisse über Hygiene und tierseuchenrechtliche Vorschriften vorausgesetzt werden.

Mit der Genehmigung einer Sittich- und Papageienzucht ist die Auflage verbunden, ein so genanntes Nachweisbuch zu führen, worin Erwerb, Ringnummer (siehe unten), Zucht, Weitergabe und Tod aller Vögel einzutragen sind. Hintergrund sind die Bestimmungen des bundesdeutschen Viehseuchengesetzes und der Psittakose-Verordnung. Im Falle des Auftretens seuchenhafter Erkrankungen in einem Papageienbestand, z. B. der Psittakose (= Papageienkrankheit), die auch auf den Menschen übertragbar ist und für ihn gefährlich werden kann, müssen Behandlungsmaßnahmen ohne Zeitverlust eingeleitet werden können. Ein ordentlich geführtes Nachweisbuch soll dann zuverlässig Auskunft über die Bewegungen in einem Vogelbestand geben, damit Herkunft und Verbleib eventuell erkrankter Vögel lückenlos nachvollzogen werden können.

Beringung

Mit der Erteilung einer Zuchtgenehmigung ist auch die Beringungspflicht verbunden. Sie dient der eindeutigen Kennzeichnung der Vögel. Amtliche Fußringe für Nymphensittiche sollen einen Durchmesser von 5,5 mm haben und sind gegen Vorlage einer Kopie der Zuchtgenehmigung beim „Zentralverband Zoologischer Fachbetriebe Deutschland e. V." (ZZF), Postfach 14 20, D-63204 Langen oder bei der „Vereinigung für Artenschutz, Vogelhaltung und Vogelzucht e. V." (AZ), Postfach 11 68, D-71501 Backnang zu beziehen. Der Ringbezug bei dem letzteren Verband hat den Nachteil, dass man dazu Vereinsmitglied werden muss (im Jahresbeitrag von z. Zt. DM 50,– (Stand 1998) ist der Bezug der Vereinszeitschrift „AZ-Nachrichten" enthalten) und den Vorteil, dass es sich bei diesen Ringen um geschlossene Ringe handelt. Sie weisen als Aufprägung die laufende Ringnummer, die Züchternummer und das Zuchtjahr auf. Diese Ringe können den Vögeln nur im Nestlingsstadium angelegt werden. Dadurch ist das Alter

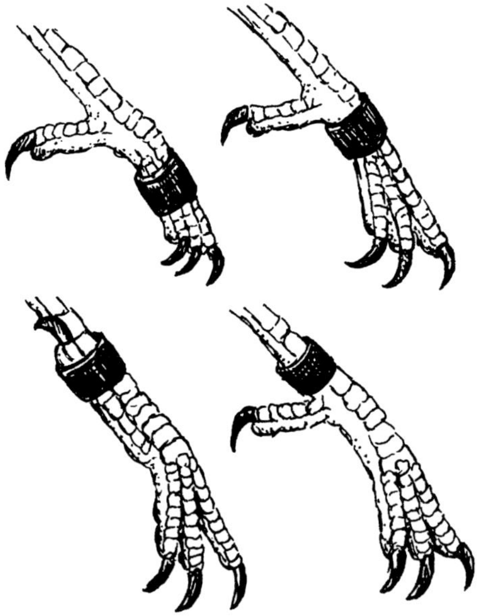

Die Beringung mit geschlossenen Ringen erfolgt bei Nymphensittichen etwa am 8. Tag und vollzieht sich nach obigem Schema (mod. nach Welsch 1986, Zeichnung: Bollwerk).

(Jahrgangsnummer) und die Herkunft (Züchternummer) eines Vogels in der Regel leicht nachvollziehbar, wogegen bei den so genannten offenen Ringen des Zentralverbandes für den Züchter kein genauer Herkunftsnachweis möglich ist.

Wohin mit dem Nachwuchs?

Eine weitere Voraussetzung bei der Nymphensittichzucht sollte darin bestehen, dass über die Verwendung des Nachwuchses Überlegungen angestellt werden. Somit wäre zu klären, ob in der eigenen Haltungsanlage genügend Platz für die zu erwartenden Jungvögel bleibt, ob sich sachverständige Abnehmer für den Nachwuchs finden lassen oder ob die Jungtiere später eventuell gar wegen „Überfüllung" an Zoohändler abgegeben werden müssen und dort einer ungewissen Zukunft entgegengehen.

Angesichts der geringen zu erwartenden Kaufpreise (abgesehen von neu auftretenden Farbmutationen), die von den Händlern gezahlt werden, sollte der kommerzielle Aspekt bei der Nymphensittichzucht eigentlich keine Rolle spielen. Als Liebhaber wäre der bessere Weg sicherlich, das Fortpflanzungsgeschehen seiner Vögel entsprechend der Nachfrage zu steuern und sich auf die Abnehmer zu beschränken, die den Vögeln artgemäße Haltungsbedingungen, möglichst Freivolieren mit Schutzraum sowie die Gesellschaft von Artgenossen bieten können.

Um einen Eindruck allein von den bundesdeutschen Zuchterfolgen mit Nymphensittichen zu gewinnen, seien nur einige wenige Zahlen aus den bereits zuvor zitierten Nachzuchtstatistiken der „Vereinigung für Artenschutz, Vogelhaltung und Vogelzucht" aufgeführt: 1986 wurden dem Verband 9157 Jungvögel gemeldet. 1987 waren es 15 183, 1996 7596 und 1997 4561 gezüchtete Jungvögel, wobei jeweils nur ein Teil der Mitglieder (1996 und 1997 rund 10 Prozent von etwa 25 000 Mitgliedern) den jährlichen Erhebungsbogen einsandten. Man kann also gerade bei Nymphensittichen, die nun wirklich vielerorten und auch von nichtorganisierten Züchtern zahlreich gehalten werden, von einer Dunkelziffer ganz beträchtlicher Größenordnung ausgehen.

Gähnendes Nymphensittichmännchen.

Zuchtvorbereitungen

Sind die formalen Voraussetzungen geklärt, beginnen die eigentlichen Zuchtvorbereitungen. Abgesehen davon, dass Nymphensittiche zu den anspruchslosesten Papageienvögeln überhaupt gehören und oft selbst unter widrigen Haltungsbedingungen zur Brut schreiten, soll an dieser Stelle die paarweise Haltung in einem separaten Volierenabteil als optimale Zuchtvoraussetzung zugrunde gelegt werden.

Für Zuchtversuche wird ein gesundes, geschlechtsreifes, verschiedengeschlechtliches und harmonierendes Paar benötigt. Über den Erwerb gesunder Vögel gibt der Abschnitt „Erwerb und Auswahl eines gesunden Vogels“ Auskunft, so dass sich eine Wiederholung an dieser Stelle erübrigt. Die Geschlechtsreife tritt bei Nymphensittichen bereits im Alter von sieben bis neun Monaten ein, allerdings sollte man die Tiere möglichst erst im Alter von einem Jahr zur Zucht verwenden. Dann sind sie ausgewachsen, im Wesentlichen ausgefärbt und völlig zuchtreif. Das Alter der Tiere sollte sich eigentlich bei jedem Tier nachweisen lassen. Die amtlich vorgeschriebenen Nachweisbücher dienen der Dokumentation aller Vorgänge in den Zuchtanlagen. Verantwortungsbewusste Züchter verfügen darüber hinaus oft über weitere Aufzeichnungen aus ihrer Zuchttätigkeit und können das Alter ihrer Jungvögel manchmal auf den Tag genau mitteilen. Nymphensittiche können nachgewiesenermaßen bis zu einem Alter von rund 20 Jahren zuchtfähig bleiben.

Verschiedengeschlechtliche Zuchtvögel zu bekommen, sollte zumindest bei den so genannten „wildfarbenen“, d. h. grauen Nymphensittichen keine Schwierigkeit bereiten. Die Unterscheidungsmerkmale der Geschlechter sind im Kapitel 2 ausführlich beschrieben worden. Einige farbmutierte Formen, z. B. Lutinos, Albinos, Schecken usw. zeigen dagegen meist keine auffälligen Farbunterschiede zwischen den Geschlechtern. Und da Nymphensittiche – wie alle Papageien – neben den sekundären Geschlechtsmerkmalen der unterschiedlichen Gefiederfärbung keine äußerlich sichtbaren primären Geschlechtsorgane aufweisen, muss sich der Käufer dann auf Vermutungen bzw. Versicherungen des Anbieters verlassen. Erst bei späterer erfolgreicher Verpaarung stellt sich heraus, ob es sich bei zwei Vögeln wirklich um Männchen und Weibchen handelt.

Allerdings hat der Züchter die Möglichkeit, das Geschlecht von Jungvögeln dieser Mutationen durch Feststellung des „Gesanges" zu ermitteln. Junge Männchen neigen vor der ersten Mauser zum „Singen". Mit aufgestellter Haube geben sie oft mehrmals am Tag zwitschernde und quietschende Töne von sich, während die weiblichen Jungvögel sich „einsilbiger" und insgesamt „schweigsamer" verhalten.

Eine weitere Voraussetzung ist das frühzeitige Bereitstellen einer Bruthöhle. Dies kann ein ausgehöhlter Baumstamm, aber auch ein gewöhnlicher Bretter-Nistkasten sein. Wer über ein wenig handwerkliches Geschick und entsprechende Werkzeuge verfügt, kann sich leicht einen Nistkasten mit den Maßen 25 × 25 cm Bodenfläche und 40 cm Höhe bauen. Das Schlupfloch liegt im oberen Kastendrittel und hat einen Durchmesser von etwa 7 cm. Vor dem Schlupfloch sollte eine Sitzstange oder ein Querast angenagelt werden, damit den Vögeln das Anfliegen des Nistkastens erleichtert wird. Als Baumaterial ist unbehandeltes Naturholz (keine Pressspanplatten) zu empfehlen. Preisgünstige Fichten- oder Tannenbretter reichen völlig aus und halten den Schnäbeln von Nymphensittichen einige Zeit stand.

Nistkästen werden im Innenraum (Schutzhaus) oder im überdachten Teil der Freivoliere angebracht, und zwar möglichst hoch unter dem Dach. Tiefer liegende Nisthöhlen oder auf dem Boden stehende Kästen werden von den Vögeln weniger gern angenommen. Werden mehrere Paare zu Zuchtzwecken in einer Gemeinschaftsvoliere gehalten (siehe Abschnitt „Der Nymphensittich in der Gemeinschaftsvoliere") sollte auf jeden Fall eine entsprechende Anzahl von Nistkästen – möglichst mehr als Vogelpaare vorhanden sind – bereitgestellt werden. Diese sind am besten in relativ großen Abständen voneinander aufzuhängen, damit für das jeweilige Paar ein gewisser „Privatbereich" bleibt und allzu eng benachbarte Vögel nicht ständig in „territoriale" Auseinandersetzungen verwickelt werden.

Eine letze Voraussetzung für erfolgreiche Nymphensittichbruten ist ein gewisses Maß an Ruhe in der Umgebung der Zuchtvolieren. Wenn auch Nymphensittiche nicht zu den störanfälligen Papageien gehören, ist es dennoch zu empfehlen, größere Störungen von den Tieren fern zu halten. Umbauarbeiten in den

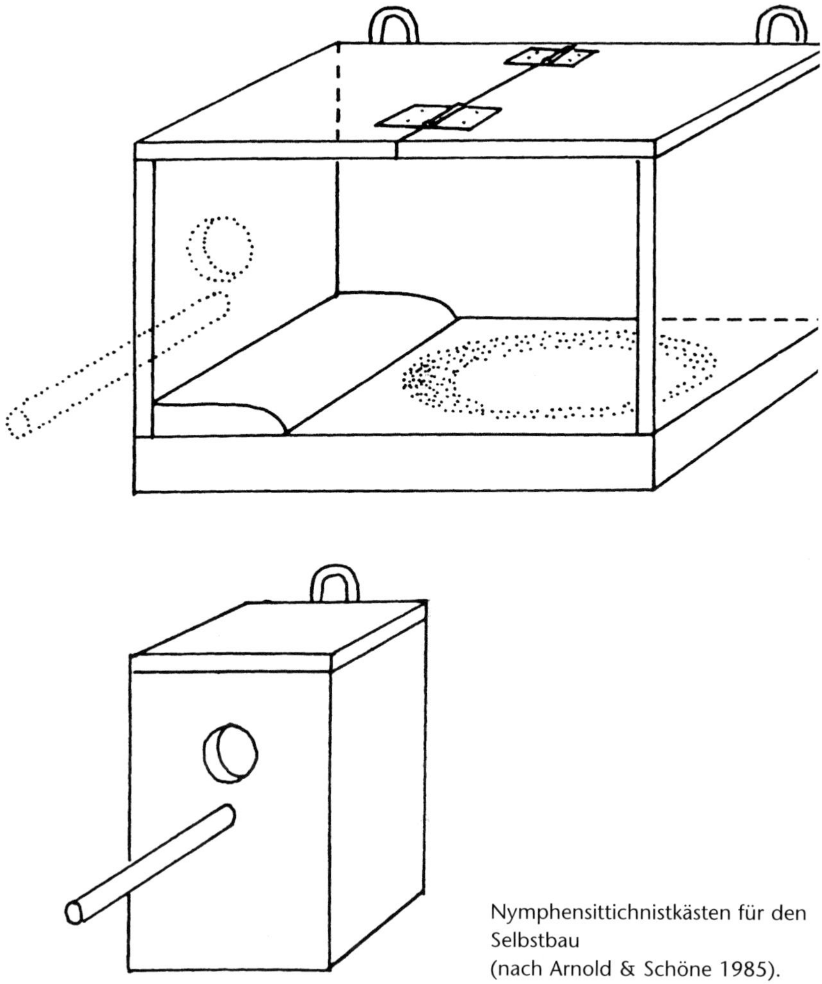

Nymphensittichnistkästen für den Selbstbau
(nach Arnold & Schöne 1985).

Vogelunterkünften, Hunde und Katzen, die ständig um die Volieren streichen, und auch lärmende Besucher sollten ebenso auf ein notwendiges Minimum beschränkt werden wie andauernde Nistkastenkontrollen, bei denen die brütenden Tiere immer wieder von den Gelegen oder Jungvögeln vertrieben werden.

Soziale Gefiederpflege als paarfestigendes Element.

Balz, Eiablage und Brut

Wie andere Papageien, die dauerhafte oder gar lebenslange Paarbindungen eingehen, zeigen auch Nymphensittiche das ganze Jahr über paarfestigende Verhaltensweisen. Dazu zählt zum einen die **soziale Gefiederpflege**. Verpaarte Tiere kraulen und putzen einander bevorzugt im Kopfbereich. Neben der Paarfestigung dient dieses Verhalten dem gegenseitigen Gefiederputzen an für den Einzelvogel schwer erreichbaren Körperstellen.

Ein zweites paarfestigendes Element ist das **Partnerfüttern**. Es kommt regelmäßig im Verhaltensinventar derjenigen Papageienarten vor, bei denen nur die Weibchen das Brutgeschäft ausführen. Die biologische Funktion liegt darin, dass das Männchen sein brütendes Weibchen und später auch die Jungvögel in der Nisthöhle mit Nahrung versorgt. Zur Festigung der Paarbindung kommt es bei diesen Arten – losgelöst von der eigentlichen Funktion – auch im Balzverhalten vor.

Ob das Partnerfüttern nun auch bei Nymphensittichen regelmäßig auftritt, ist bislang ungewiss. Hier brüten beide Geschlechter im Wechsel, so dass sich beide Tiere selber mit Nahrung versorgen können. Es erscheint einleuchtend, dass das Partnerfüttern somit kein notwendiges Verhaltenselement für die Art darstellt und entsprechend auch nicht in seiner zweiten Funktion der Paarfestigung auftreten muss. Und in der Tat beschreibt kein deutschsprachiger Autor das Partnerfüttern als Verhaltenselement des Nymphensittichs. Darin folgen ihnen fast alle englischsprachigen Autoren.

Nun hat jedoch KAVANAU (1987) in umfänglichen Verhaltensstudien an Nymphensittichen festgestellt, dass bei zwei seiner fünf beobachteten Paare regelmäßig Partnerfüttern vorkam. Bei beiden Paaren trat es regelmäßig während der Balz auf, bei einem Paar darüber hinaus auch als funktionelle Futterübergabe während des Brütens. Stets fütterte das Weibchen das Männchen – in der Regel als Reaktion auf sein Werbeverhalten. Manchmal trat dabei dieses Verhalten bis zu 50-mal am Tag auf, so dass das Männchen auf diese Weise einen Großteil seines täglichen Nahrungsbedarfes decken konnte. Beim reinen Balzfüttern dagegen wurde manchmal nur wenig oder gar kein Futter übergeben.

KAVANAU geht davon aus, dass die von ihm beschriebenen Verhaltensweisen bei anderen Autoren in der Vergangenheit deshalb kaum beobachtet wurden, weil sie sich größtenteils innerhalb des geschlossenen Nistkastens abspielen und damit als nicht beobachtbar erweisen. Er nimmt an, dass der im Paarbund jeweils untergeordnete Partner das dominante Tier füttert, allerdings nur während dessen dominanter Periode. Die Dominanzverhältnisse innerhalb eines Nymphensittichpaares müssen aber nicht während des ganzen Jahres gleich bleiben. Sowohl Männchen als auch Weibchen können zu bestimmten Jahreszeiten und in bestimmten Situationen dominant sein.

Diese Beobachtungen werfen möglicherweise wiederum ein neues Licht auf die Verwandtschaftsverhältnisse zwischen Plattschweifsittichen, Nymphensittichen und den nahe verwandten Kakadus (siehe Kapitel „Kennzeichen und systematische Stellung“).

Bei Nymphensittichen, die in Freivolieren leben, beginnt die **Balzzeit** bereits im zeitigen Frühjahr. Je nach Witterung werden die Nistkästen im April oder Mai aufgehängt, in geschützten Innenräumen auch früher. Schon bald interessieren sich die Tiere für ihre künftige Brutstätte und das Männchen zeigt zunehmend sein auffälliges Imponierverhalten. Es stellt seine Haube auf und trippelt mit erhobenen und leicht ausgebreiteten Flügeln im Wechsel auf sein Weibchen zu und wieder von diesem weg. Oft ist dieses Verhalten auch mit einem Vornüberbeugen des Kopfes und einem Hochstellen des gespreizten Schwanzes verbunden. Eine solche auffällige Körperhaltung kommt auch im Verhalten der nahe verwandten Kakadus vor und selbst bei den Amazonenpapageien ist es beobachtet worden. Man hat diese Verhaltensform gelegentlich als „Lateraldrohen" bezeichnet.

Auch **Balzflüge** kommen im Sexualverhalten des Männchens vor. Es fliegt dazu in flachen Schleifen durch die Voliere und wechselt dabei mit kunstvollen Schwenkungen jäh die Richtung. Nach dem Landen bleibt das Männchen noch eine gewisse Zeit mit geöffneten Flügeln und gefächertem Schwanz sitzen. DIEFENBACH (1982) erwähnt zudem den charakteristischen **Balzgesang** des Männchens, der entweder vor oder während des zuvor genannten Balztrippelns vorgetragen wird. Er besteht aus kurzen, einsilbigen Tönen, die aneinandergereiht eine melodisch klingende Strophe ergeben. Dieser Balzgesang kommt nur im Verhaltensinventar des Männchens vor und kann somit bei den Farbmutanten, die keine äußerlichen Geschlechtsunterschiede zeigen, auch zur Geschlechtsbestimmung herangezogen werden.

Das Weibchen zeigt sich anfangs gegenüber den Werbungen des Männchens scheinbar teilnahmslos. Schließlich lässt es die Bereitschaft zur **Begattung** erkennen, setzt sich neben das Männchen und duckt seinen Körper flach auf den Sitzast. Daraufhin steigt oder fliegt das Männchen auf den Rücken des Weibchen, krallt sich mit beiden Füßen im Rückengefieder fest und hält die Balance, indem es sich mit dem Schnabel am Hinterkopf des Weibchens aufstützt bzw. im Nackengefieder festhält und das Weibchen gelegentlich mit den Flügeln ummantelt. Die eigentliche Begattung vollzieht sich, indem das Männchen unter rhythmischem Heben und Senken des Körpers seine Analöffnung seitlich gegen die Kloake des Weibchens presst. Auf diese Weise ge-

Kopulation zwischen wildfarbigem Männchen und geschecktem Weibchen.

langen die männlichen Spermien in die Kloake des Weibchens und es kommt zur Befruchtung.

Der gesamte Kopulationsvorgang dauert oft nur wenige Sekunden, manchmal auch Minuten. Etwa drei Wochen vor der Eiablage beginnen die Begattungen, finden unregelmäßig, aber meist einmal täglich statt. Mit der Zeit steigert sich die Paarungsbereitschaft und erreicht mit durchschnittlich fünf bis sechs Kopulationen täglich unmittelbar vor der **Eiablage** ihren Höhepunkt. Nach der Ablage des ersten Eies nimmt die Zahl der Begattungen rasch wieder ab.

Etwa drei Wochen nach der ersten Kopulation legt das Weibchen sein erstes Ei, nachdem das Männchen einen Nistkasten zur Brut ausgewählt hat. Es folgen nun in zweitägigem Rhythmus weitere Eier, bis das Gelege mit vier bis sechs Eiern vollständig ist. Gelegentlich sind sogar Vollgelege mit sieben oder acht Eiern beschrieben worden.

Die **Brut** beginnt in der Regel mit Ablage des zweiten Eies. Auch bei den vollständig domestizierten Nymphensittichen, die seit mehr als einem Jahrhundert in Menschenobhut gezüchtet werden, hat sich das Brutverhalten gegenüber ihren wild lebenden Artgenossen nicht wesentlich verändert. Entsprechend bebrüten beide Geschlechter die Eier im Wechsel: das Männchen tagsüber bis zum frühen Nachmittag, das Weibchen in der übrigen Zeit. Zeitweise sitzen beide Vögel nebeneinander im Nistkasten. Welches Tier dann die Eier betreut, ist unklar. Die Brutdauer in Menschenobhut beträgt 18 bis 20 Tage.

Schlupf und Entwicklung der Jungvögel

Die Jungen schlüpfen im zeitlichen Abstand zueinander, doch beträgt dieser gegenüber dem Legeabstand der Eier nicht genau zwei Tage, da die Tiere frühestens ab dem zweiten Ei mit der Brut beginnen. In eingehenden Verhaltensstudien hat DIEFENBACH (1978) festgestellt, dass die ersten beiden Jungen innerhalb von zwölf Stunden schlüpfen, die anderen während der nächsten zwei oder drei Tage. Dadurch ist der Entwicklungsunterschied der Jungen nicht so groß, dass die jüngeren Nestgeschwister beim Füttern von den älteren abgedrängt werden.

Unmittelbar nach dem Schlüpfen werden die Jungvögel von den Eltern gefüttert – anfangs etwa jede halbe Stunde, später werden die Zeitabstände größer.

Den eigentlichen Fütterungsvorgang beschreibt DIEFENBACH (1982, S. 150) folgendermaßen:

Die Eltern „... umfassen dabei den Schnabel des Jungvogels mit ihrem Schnabel, ziehen Kopf und Hals leicht nach oben und führen dann schnelle, ruckartige rüttelnde Kopfbewegungen aus. Kopf und Hals der Jungen werden dabei rhythmisch auf und ab bewegt und diese stoßen dazu im gleichen Rhythmus piepsende Laute, etwa zwei bis drei pro Sekunde, aus. Gleichzeitig stellen sie die Flügel ab und zitterndes Flügelschlagen ist bereits während der ersten Lebenstage zu beobachten.

Die Piepslaute sind genau wie das Flügelschlagen wichtige Reaktionen der Jungen. Sie garantieren den reibungslosen Ablauf der Jungenaufzucht und sind für alle Kakadus typisch."

Mit etwa 30 bis 35 Tagen verlassen die Jungen die Bruthöhle. Aber auch nach dem Ausfliegen werden sie noch etwa drei Wochen von den Eltern gefüttert, so dass junge Nymphensittiche erst im Alter von rund acht Wochen selbstständig sind. In dieser Zeit betteln die Jungen die Altvögel an, indem sie sich niederducken und mit eng angelegter Federhaube vor- und zurückpendelnde Kopfbewegungen ausführen und dabei laut schnarren. Daraufhin umfassen die Altvögel den Schnabel der Jungen, führen mit dem Kopf die typischen Futterbewegungen aus und übergeben den hervorgewürgten, vorverdauten Futterbrei aus dem Kropf. Die Jungen schlagen auch dann noch heftig mit den Flügeln und lassen ihre rhythmischen Fütterungslaute ertönen.

Die körperliche Entwicklung junger Nymphensittiche hat DIEFENBACH (1982, S. 152) detailliert dokumentiert und soll an dieser Stelle im Wortlaut wiedergegeben werden:

„1. Tag: Junge Nymphensittiche besitzen nach dem Schlüpfen einen gelben Flaum. Der ganze Körper, der Bauch und ein kreisrunder Fleck auf dem Kopf ausgenommen, wird davon bedeckt. Auffallend ist, dass Junge von weißen Nymphensittichen weniger stark beflaumt sind als wildfarbene. Junge Kakadus besitzen genau wie junge Nymphensittiche und die Platycercinae (Plattschweifsittiche) einen Primärflaum unterschiedlicher Farbe und Ausprägung.

4er-Gelege mit den Durchschnitts-Eimaßen 26,6 × 20,9 mm.

Nymphensittich-Männchen mit Jungtieren im Alter von etwa drei Tagen.

Wildfarbige Jungvögel, der älteste ist etwa 14 Tage alt.

Lutino-Jungvögel, der älteste ist etwa 12 Tage alt.

7. Tag: Dunkle Federkiele sind an den Flügeln unter der Haut sichtbar.

9. Tag: Die Federkiele der Schwungfedern brechen durch die Haut. Kiele der Oberkopffedern sind unter der Haut dunkel sichtbar. Die fleischfarbenen Füße werden allmählich dunkler und die Augen beginnen sich zu öffnen.

10. Tag: Die Augen sind offen, die Federkiele der Schwanzfedern brechen durch.

11. Tag: Der Eizahn fällt zwischen dem 11. und dem 14. Tag ab. Die Füße sind dunkelgrau, die Krallen werden dunkel. Die Federkiele der Haubenfedern brechen durch.

12. Tag: Die ersten Federkiele an Kopf und Körper durchstoßen die Haut. An den Spitzen schieben sie die Erstlingsdunen vor sich her. Im Gegensatz zu den Plattschweifsittichen wird kein dichtes zweites Dunenkleid ausgebildet. Genau wie bei den Kakadus erscheinen die wenigen Pelzdunen erst sehr viel später.

15. Tag: Die ersten Federkiele an den Seiten des Körpers platzen auf. Die Federkiele der Wangen brechen durch.

16. Tag: Die Federkiele der Schwanz- und Flügelfedern platzen auf.

18. Tag: Die Federkiele des Bauchgefieders brechen auf. Die orangefarbenen Wangenflecke sind erkennbar.

19. Tag: Die Federn des weißen Flügelschildes sind bereits ganz offen; er ist vollständig befiedert.

23. Tag: Die Kiele der Puderdunen rechts und links an den Flanken brechen durch. Sie sind weiß und schieben keinen Primärflaum vor sich her. Wenige sekundäre Pelzdunen erscheinen.

24. Tag: Der Primärflaum, der noch auf den Spitzen der Federkiele des Körpergefieders haftete, ist vollkommen abgefallen. Alle Federkiele sind bereits an der Spitze aufgeplatzt.

25. Tag: Die Jungen sind bis auf wenige Stellen des Körpers, Wangenflecken, Bauch und Hinterkopf ausgenommen, voll befie-

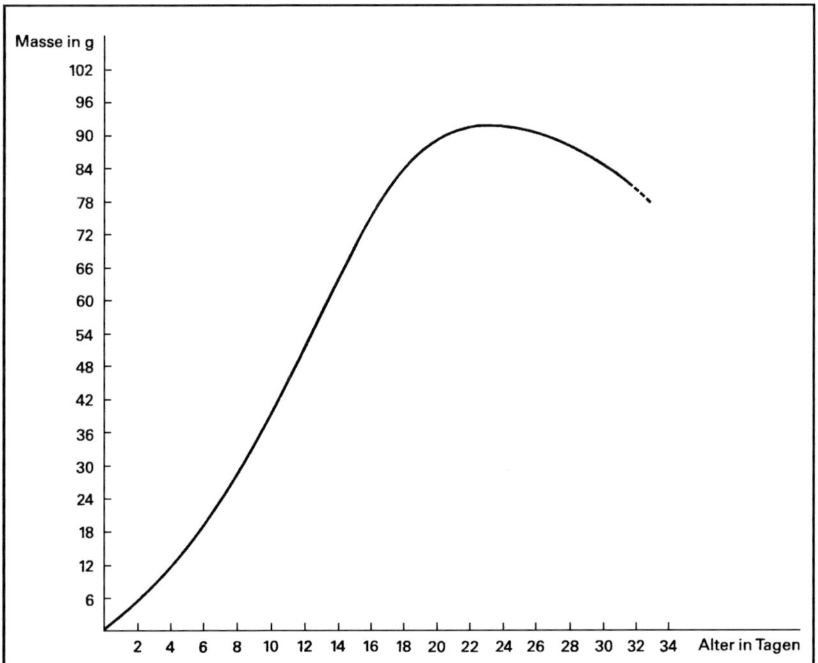

Gewichtsentwicklung junger Nymphensittiche (nach Diefenbach 1982).

dert. Die Schwingen und Schwanzfedern stecken nur noch an der Basis in den Kielen.

48. Tag: Das Großgefieder ist vollkommen verhornt.

ca. 80 Tage: Der vorher fleischfarbene Schnabel färbt sich langsam dunkel. Die endgültige Schnabelfärbung wird mit dem Ende der ersten Vollmauser erreicht. Sie beginnt mit 3 bis 4 Monaten und ist nach 8 bis 10 Monaten abgeschlossen. Die Männchen wechseln dabei ins Alterskleid."

Eingehende Verhaltensstudien von Diefenbach (1978) an jungen Nymphensittichen erbrachten folgende Kenntnisse über die Verhaltensentwicklung:

„1. Tag: Bereits 24 bis 36 Std. vor dem Schlüpfen piepsen die Jungen im Ei. Mit dem Eizahn picken sie zu dieser Zeit die Eischale von innen an. Beim Schlüpfen sind die Jungen nass; der gelbe Flaum trocknet innerhalb einer Stunde. Sie piepsen laut, wenn sie von den Eltern nicht bedeckt werden. Beim Füttern zeigen sie bereits das charakteristische Flügelschlagen und lassen die typischen Fütterungslaute hören. Schlüpft nur ein Junges, so zeigt es starke Tendenz, sich mit Hals und Kopf auf den noch im Nest befindlichen Eiern abzustützen. Sind mehrere Junge im Nest, so orientieren sie sich so, dass sie alle mit dem Kopf nach innen, mit dem Bürzel nach außen liegen. Teilweise versuchen sie bereits, die Hälse übereinanderzuhaken, um so den Kopf abzustützen.

2. Tag: Die Jungen heben bereits schwach den Kopf und zeigen starkes Bestreben, die Hälse übereinanderzuhaken, wobei immer die zuerst geschlüpften Jungen den Kopf auf dem des jüngeren Geschwister abstützen.

5. Tag: Die Jungen heben den Kopf und strecken ihn beim Füttern den Eltern entgegen.

6. Tag: Die Jungen sitzen auf den Intertarsalgelenken. Sie heben den Kopf; Gähnen wurde beobachtet. Bei Störungen fauchen und schnarren sie leise. Die Piepslaute des Verlassenseins werden leiser.

7. Tag: Bei Störungen schnarren und fauchen die Jungen laut. Die Tendenz, beim Ruhen und Schlafen die Hälse zu verhaken, ist in diesem Alter am größten. Sie drohen bei Störungen bereits mit offenem Schnabel, wobei der Kopf weit nach vorne gestreckt wird. Die noch unbefiederten Flügel werden abgestellt und schwankende Körperbewegungen werden ausgeführt.

10. Tag: Die Jungen werden nicht mehr gehudert und piepsen auch nicht mehr, wenn sie unbedeckt sind.

12. Tag: Putzbewegungen ins Leere sind zu beobachten. Der Schnabel wird dabei in die Richtung der Stelle gebracht, der die Putzbemühungen gelten. Putzbewegungen in der Luft werden ausgeführt; nippelnde Schnabelbewegungen und Nesteln ins Leere sind hierbei zu beobachten. Die Triebhandlung ist hier bereits früher entwickelt als ihr Bezugsobjekt, denn die Federn sind noch in den Kielen.

Der Kot wird in die Nistkastenecke abgesetzt. Der Jungvogel trippelt dazu langsam rückwärts bis zur Nistkastenwand und hebt den Schwanz, um dann einen hellen Kotballen auszupressen.

15. Tag: Die Jungen sitzen beim Ruhen auf den Intertarsalgelenken. Der Kopf wird nach hinten in den Nacken gelegt, die Augen werden geschlossen. Halshaken ist nur noch selten zu beobachten. Sie reagieren nun bereits auf optische Reize mit lautem Schnurren und Fauchen.

16. Tag: Nach dem Füttern stoßen die Jungen leise zwitschernde Laute aus. Sie strecken sich, indem sie beide Flügel gleichzeitig anheben.

17. Tag: Laute, schnarrende Bettellaute sind zu hören, wenn ein Elter sich der Bruthöhle nähert. Die Jungen drängen sich beim Füttern den Adultvögeln entgegen, wobei der Körper aufgerichtet ist.

19. Tag: Bei Störungen schnarren die Jungen laut, stellen die Flügel ab und schlagen mit dem Schnabel in die Richtung der Störungsquelle. Fauchende Laute werden dabei ausgestoßen.

21. Tag: Die Nestgeschwister werden zur sozialen Gefiederpflege aufgefordert, indem Nacken und Kopf ihnen entgegengestreckt werden. Die Geschwister werden oftmals auch ohne vorangegangene Aufforderung geputzt, wobei dieses Verhalten meist auf Phasen der eigenen Gefiederpflege folgt. Heftiges Flügelschlagen und gegenseitiges Anbetteln um Futter sind häufig gezeigte Verhaltensweisen.

23. Tag: Die ersten Kontaktrufe zwischen den Jungen und den Eltern sind zu hören. Sie werden immer häufiger und dienen nach dem Ausfliegen dem Familienzusammenhalt.

30. Tag: Die Jungen erscheinen erstmals am Einschlupfloch und werden hier gefüttert.

32. Tag: Die Jungen verlassen am 32. bzw. 33. Tag den Brutkasten. Sie erscheinen am Einflugloch, machen einige Intentionsbewegungen nach vorne und stürmen dann aus dem Kasten. Nach einem Tag fliegen sie bereits gut und landen sicher auf der Sitzstange. Beim Klettern am Volierengitter sind sie anfangs ungeschickt, doch nach 2 bis 3 Tagen beherrschen sie dies sicher.

36. Tag: Die Jungen spielen mit dem Schnabel mit dem Futter; ein Enthülsen der Samen kann dabei nicht beobachtet werden.

45. Tag: Die Jungen fressen selbstständig.

ca. 50 Tage: Junge Männchen beginnen mit einem dem Balzgesang ähnlichen Plaudergesang. Neben den bereits im Nest häufig zu hörenden kurzen hellen Kontaktrufen, die von den Eltern beantwortet werden, sind häufiger zwitschernde Laute zu hören, die im Laufe der Monate dem arteigenen Balzgesang immer ähnlicher werden. Ob dieser vom Vater erlernt wird oder ob er angeboren ist, kann nur durch gezielte Untersuchungen geklärt werden. Sicher ist, dass sie eine prägsame Phase besitzen und dass die stimmliche Entwicklung an ein „Vorbild“ angepasst wird.“

Die Mutationszucht

Wie bei den meisten domestizierten Tierarten, sind auch bei Nymphensittichen im Laufe der Zeit verschiedene Farbmutationen entstanden, die das Interesse der Züchter gefunden haben. Mutationen sind sprunghaft auftretende Veränderungen des Erbgutes, die – in Verbindung mit der Selektion ungeeigneter Merkmale – die Entwicklung aller Lebewesen kennzeichnen. Sie sind gewissermaßen die „Motoren“ der Evolution und sorgen dafür, dass ein Organismus die bestgeeignete genetische Ausstattung für die jeweils vorherrschenden Umweltbedingungen aufweist.

Wenn nun in einem Nest frei lebender Nymphensittiche neben drei grauen Jungen aufgrund einer solchen winzigen Veränderung des Erbgutes plötzlich ein silberfarbiges Jungtier heranwächst, hat dieses Jungtier in einer Umwelt, die graue Jungvögel begünstigt, schlechte Überlebenschancen. So kann es geschehen, dass die Elternvögel einen solchen Sonderling eingehen lassen. Sollte er dagegen die Selbstständigkeit erlangen, wird er in einer Gruppe grau gefärbter Artgenossen sicherlich sehr auffallen und damit bevorzugtes „Objekt“ von Beutegreifern sein. Erreicht ein solcher Vogel schließlich die Geschlechtsreife und gelangt zur Fortpflanzung mit einem grauen Partnervogel, verhindert ein so genannter rezessiver Erbgang, dass die silberne Färbung bei den daraus hervorgehenden Jungvögeln wiederum hervortritt. Stattdessen sind die Jungtiere äußerlich alle grau gefärbt und entsprechen optisch der Wildform, sie tragen lediglich die Erbanlage für die Ausprägung des silbernen Gefieders verdeckt in sich. Nur eine Geschwisterverpaarung mit erfolgreicher Jungenaufzucht, die in der Natur normalerweise aber nicht vorkommt, ließe wiederum einen bestimmten Prozentsatz an silberfarbigen Jungvögeln hervortreten.

Vogelzüchter machen sich nun solche Farbveränderungen zunutze und züchten unter Zugrundelegung der Vererbungsregeln bestimmte Farbspielarten heraus bzw. kombinieren verschiedene solcher Farbschläge miteinander. Dabei bestimmen vor allem rezessive Erbgänge, wie zuvor beschrieben, das Geschehen. Aber es gibt darüber hinaus auch dominante oder geschlechtsgebundene Erbgänge. Bei der Nymphensittichzucht hat es der Vogelhalter großenteils mit geschlechtsgebundener Vererbung zu tun.

Dominante Erbgänge liegen bei den **wildfarbigen Vögeln** vor. Reinerbige wildfarbige Vögel können stets nur wildfarbigen Nachwuchs hervorbringen, es sei denn, es tritt zufällig eine Neumutation auf.

Eine **teildominante Vererbung** weisen die **Schecken** auf. Aus der Verpaarung eines wildfarbigen Elternteils und eines gescheckten Vogels entsteht überwiegend wildfarbiger Nachwuchs mit einigen aufgehellten Federn, meist am Hinterkopf. Im Züchterjargon werden diese Tiere „Kopffleckschecken“ genannt. Erst die Verpaarung zweier solcher Kopffleckschecken erbringt zu etwa 25 Prozent der Nachzucht echte Schecken und zu etwa 75 Prozent wiederum Kopffleckschecken. Die Verpaarung eines Kopffleckschecken mit einem Schecken erbringt etwa je zur Hälfte Kopffleckschecken und echte Schecken. Die Verpaarung zweier Schecken lässt zu 100 Prozent gescheckten Nachwuchs entstehen.

Rezessive Erbgänge liegen bei den **silberfarbigen Vögeln** (siehe oben), den **weißköpfigen** Nymphensittichen und den **Falben** vor. Für den Züchter bedeutet dies, dass die gewünschte Gefieder-

Lutino-Nymphensittich.

Neben dem Lutino-Nymphensittich sind gescheckte Vögel häufig in den Zuchtanlagen zu sehen.

farbe in der ersten Kreuzungsgeneration nicht in Erscheinung tritt. Aus der Verpaarung eines wildfarbigen und eines weißköpfigen Vogels entstehen beispielsweise ausschließlich Vögel, die phänotypisch (rein äußerlich) dem wildfarbigen Elterntier gleichen, genotypisch (von den Erbanlagen her) dagegen alle die Anlage für Weißköpfigkeit in der Erbmasse tragen. Der Züchter bezeichnet solche Vögel als „spalterbig in weißköpfig". Erst die Verpaarung zweier solcher Vögel lässt die Weißköpfigen wieder hervortreten, und zwar rein rechnerisch zu etwa 25 Prozent der Jungtiere. Weitere 25 Prozent sind reinerbig wildfarbig und 50 Prozent sind phänotypisch wildfarbig, aber spalterbig in weißköpfig. Die Verpaarung zweier weißköpfiger Vögel bringt 100 Prozent weißköpfige Nachzucht.

Ein **geschlechtsgebundener Erbgang** liegt bei den **Zimtern, Lutinos** und den **Gezeichneten** (geperlte und gesäumte Nymphensittiche) vor. Als Beispiel soll der Erbgang bei der Zimter-Zucht dargestellt werden (nach RADTKE 1998, S. 76 f.):

- Aus der Verpaarung eines männlichen Zimters und eines weiblichen wildfarbigen Vogels fallen Männchen, die phänotypisch wildfarbig und spalterbig in Zimt sind, und Weibchen in Zimt.
- Aus der Verpaarung eines wildfarbigen Männchens und weiblichen Zimters fallen phänotypisch wildfarbige Männchen, die spalterbig in Zimt sind, und reinerbig wildfarbige Weibchen.
- Aus der Verpaarung eines wildfarbigen Männchens/spalterbig in Zimt und eines wildfarbigen Weibchens fallen rein rechnerisch etwa 25 Prozent reinerbig wildfarbige Männchen, 25 Prozent wildfarbige Männchen/spalterbig in Zimt, 25 Prozent reinerbig wildfarbige Weibchen und 25 Prozent Weibchen in Zimt.

Eine der ersten Nymphensittichmutationen waren die Schecken, die schon 1951 in den USA gut durchgezüchtet waren und als „Harlekin-Nymphen" teuer gehandelt wurden.

Ende der 1950er Jahre wurden in den USA die ersten „Lutinos" – Vögel mit gelblich überhauchtem Gefieder und roten Augen – gezüchtet, die wenig später auch nach Europa gelangten. Mitte der 60er Jahre zahlten Liebhaber rund DM 6000,– bis 8000,– für ein

Paar solcher Vögel. Heute haben Züchter Schwierigkeiten, den hundertsten Teil als Verkaufspreis zu erzielen.

„Zimter“ traten Ende der 1960er Jahre in Europa in Erscheinung, 1967 fielen die ersten „Geperlten“ bei einem deutschen Züchter, wildfarbige „Weißköpfe“ entstanden 1978 ebenfalls in der Bundesrepublik, zwei Jahre später gefolgt von den ersten echten „Albino“-Nymphensittichen, die ebenfalls und eher zufällig in der Voliere eines deutschen Züchters schlüpften.

Mittlerweile hat sich das Spektrum der Mutationen und Farbkombinationen des Nymphensittichs noch beträchtlich erweitert. Man spricht heute von „Schieferschwarzen“, „Silberfarbenen mit roten Augen“, weißen und gelben „Schwarzaugen“, geperlten und gescheckten „Weißköpfen“, „Falben“, „Zimtschecken“, „Perlschecken“ (siehe Abschnitt „Das Ausstellungswesen“) und sogar „grünen“ Nymphensittichen. Bei letzteren handelt es sich allerdings nicht um eine Farbmutation, sondern um Vögel, bei denen durch engste Selektivzucht die Gelbanteile im Gefieder der „Schieferschwarzen“ und „Zimter“ verstärkt herausgezüchtet wurden. Dadurch entsteht für den Beobachter der Eindruck olivgrüner bis gelblich-grüner Federn vor dunklem Hintergrund.

Neben den genannten Farbmutationen gibt es bei den Nymphensittichen inzwischen auch eine Mutation, die sich auf die Form der Haube auswirkt. Bei dieser Mutante wachsen alle Haubenfedern gleichmäßig lang aus, ohne eine verlängerte Spitze zu bilden. Man hat diese Vögel gelegentlich als „Rundhauben-Nymphensittiche“ bezeichnet.

Die Zucht solcher Farbspielarten hat immer wieder den Ehrgeiz der Vogelzüchter geweckt und zu immer neuen Züchtungen und Farbkombinationen angeregt. Über die Vererbungsvorgänge solcher Farbmutanten und -kombinationen existiert eine umfangreiche Literatur, auf die der interessierte Leser verwiesen werden muss. In diesem Buch sollen bewusst keine ausführlichen Vererbungsschemata abgedruckt werden. Als langjähriger Praktiker in der Papageienhaltung kann der Verfasser sich persönlich nicht für solche Zucht-„Produkte“ begeistern und ist der festen Überzeugung, dass die Liebhaber von Nymphensittichen ihre Zeit, ihr Geld und ihre Energie lieber in die Reinerhaltung gesunder und wildfarbiger Nymphensittichstämme investieren sollten, als

Geperlter
Weißkopf-Nymphensittich.

Albino-Nymphensittich.

durch teilweise engste Inzucht und Kreuzungen aller verfügbaren Mutationen genetisch verarmte Sittichstämme zu produzieren, die auch optisch vielfach ein wenig ansprechendes Mischmasch bieten.

Das Ausstellungswesen

In jedem Herbst wetteifern an vielen Orten die nachgezüchteten Jungtiere der Saison um die Gunst der Zuchtrichter. Kaum ein Tierhalterverein, der nicht irgendwann einmal seine Tiere öffentlich zur Schau stellen würde! Zahlenmäßig an der Spitze stehen zweifellos die Vogelausstellungen. Abgesehen von kleinen lokalen Ausstellungen nichtorganisierter Vogelhaltervereine, findet die Mehrzahl der Vogelausstellungen in Deutschland unter der Schirmherrschaft des größten deutschen Vogelhalterverbandes, der AZ (Vereinigung für Artenschutz, Vogelhaltung und Vogelzucht e. V.) statt. Dieser Verein hat bestimmte Ausstellungsrichtlinien und Bewertungsstandards erarbeitet, die eine Vereinheitlichung des Schauwesens und eine vergleichende Bewertung der Schauvögel ermöglichen sollen. Demnach werden die Vögel in bestimmte „Klassen" eingeteilt, die als Hauptbewertungsgruppen Wellensittiche, Großsittiche (und Papageien), Exoten, Kanarienvögel und Europäische Vögel umfassen.

Die Nymphensittiche werden entsprechend den Schaurichtlinien des AZ-Handbuches 1990 in folgende Schauklassen eingeteilt:

* Nymphensittich: Wildfarbig
Zimt
Silber
Lutino
Wildfarbig geperlt
Zimt geperlt
Schecke wildfarbig
Schecke zimt
Perlschecke wildfarbig
Perlschecke zimt
Lutino geperlt
Weißkopf wildfarbig
Weißkopf zimt
Weißkopf Albino
Weißkopf geperlt wildfarbig
Weißkopf geperlt zimt
Weißkopf Schecke wildfarbig
Weißkopf Schecke zimt
Weißkopf Perlschecke wildfarbig
Weißkopf Perlschecke zimt
Sonstige Nymphensittich-Mutationen

Damit sind die wichtigsten Farbmutationen und Farbkombinationen genannt, die zur Ausstellung und Bewertung gelangen können.

Wer noch niemals eine solche Ausstellung besucht hat, sei kurz mit den gängigsten Praktiken vertraut gemacht. Die zur Bewertung gelangenden Vögel werden, nach Schauklassen getrennt, einzeln in kleine Käfige mit vorgeschriebenen Standardmaßen gesetzt und diese wiederum werden in einer großen Ausstellungshalle in Regalen nebeneinander aufgereiht. Auf großen Ausstellungen sind hunderte von Wellen- und Nymphensittichen oder Tiere anderer domestizierter Vogelarten zu sehen, während Vögel der selteneren und empfindlicheren Arten dort weitaus weniger vertreten sind.

Die vorgeschriebene Käfiggröße für Nymphensittiche beträgt nach den Richtlinien der AZ (Typ I): 46,5 × 24,5 × 40 cm (Länge × Breite × Höhe). Diese Käfige sind mit zwei Sitzstangen und

Geperlter Nymphensittich.

Wildfarbiges Männchen.

einem Wassernapf ausgestattet, während das Körnerfutter für die Dauer der Ausstellung in einer 3 bis 4 cm dicken Lage auf den Käfigboden (!) geschüttet wird.

In solchen Käfigen sitzen entweder die Jungvögel (im Frühjahr des Ausstellungsjahres geschlüpft) oder die (an sich verpaarten) Altvögel für die Dauer der Ausstellung in Einzelhaltung und warten auf die Entscheidung des Preisrichters. Hält ein Vogel dem Vergleich mit anderen Tieren stand, erntet sein Züchter eine Plakette, Urkunde oder Medaille, die seine züchterischen Leistungen dokumentiert.

Nun gibt es zahlreiche kritische Stimmen gegenüber solchen Ausstellungspraktiken, die sich etwa in folgenden vier Punkten zusammenfassen lassen:

1. Für solche Ausstellungen werden die Vögel in aller Regel bereits Wochen vorher trainiert. Dazu hält man sie in kleinen Käfigen, dressiert sie auf eine bestimmte Sitzhaltung und bereitet sie – z. B. durch ein ständig lautstark tönendes Radio im Zuchtraum – auf die zu erwartenden Ausstellungsturbulenzen vor.
2. Die Vögel werden zum Teil aus ihren Sozialgruppen herausgerissen und Paare werden getrennt, wenn die Vögel um den Medaillensegen miteinander konkurrieren sollen.
3. Ausstellung bedeutet für die Vögel in der Regel Stress. Hunderte oder gar tausende lärmender, rauchender, hustender und niesender Besucher ziehen in Scharen an den Käfigreihen vorbei, langen nicht allzu selten auch mit ihren Fingern durch die Gitterstäbe und versuchen die Käfiginsassen zu berühren.
4. Bewertungsstandards für domestizierte Vögel orientieren sich immer weniger an Form, Farbe und Größe des ursprünglichen Wildvogels, sondern begünstigen bestimmte Zuchtformen. Dadurch besteht die Gefahr, dass die Züchter mehr auf solche Zuchtmerkmale, als auf ursprüngliches Äußeres, Vitalität und natürliches Verhalten der Vögel achten. So entstehen dann beispielsweise Nymphensittiche, die weitaus größer und schwerer sind als die Wildform, pro Gelege weniger Eier legen und diese dann immer seltener zuverlässig bebrüten bzw. die Jungenaufzucht vernachlässigen.

Solche Praktiken sind aus der Sicht des Tierschutzes teilweise höchst fragwürdig. Sie sollten in der Vogelhaltung und -zucht nicht kommentarlos bleiben und als „züchterische Spielereien“ verharmlost werden. Sie schaden letztlich vor allem den Vögeln, aber auch dem Ansehen der Vogelzüchter.

Dass Ausstellungen in der genannten Form gar nicht erst zustande kommen können, liegt in den Händen vieler. Zum einen wäre den verantwortlichen Ausrichtern und Ausstellern dringend eine Neuorientierung ihrer Ausstellungsrichtlinien anzuraten, in denen die Zur-Schau-Stellung von Einzelvögeln in derart engen Käfigen gar keinen Platz mehr haben dürften. Zum zweiten sollten auch Saaleigentümer und Hallenvermieter künftig darüber nachdenken, zu welchen Zwecken sie ihre Räumlichkeiten zur Verfügung stellen. Drittens schließlich hat auch jeder interessierte Bürger die Möglichkeit, solche reinen Bewertungs-Schauen zu boykottieren. Wenn sich keine Besucher für derartige Veranstaltungen mehr finden, wird es auf Dauer auch keine derartigen Vogelausstellungen mehr geben.

Stattdessen sollten sich die Verantwortlichen darum bemühen, die Vögel paarweise oder in Sozialgruppen in geräumigen Volieren – wie es glücklicherweise schon häufiger zu sehen ist – zu präsentieren, Sicherheitsabstände zu den Vögeln zu schaffen, ein vollständiges Rauchverbot in den Hallen zu erlassen und die Ausstellungsdauer möglichst kurz zu halten. Dazu wäre es sinnvoll, den Besuchern solcher Ausstellungen möglichst viele Informationen über Verhalten und artgemäße Haltung der Wildformen zu vermitteln, statt Massen von mutierten Vögeln in kleinsten Käfigen zur Schau zu stellen. Denn dadurch werden die Tiere in ihrem „Stellenwert“ auf reine „Medaillenkonkurrenten“ reduziert und zudem werden ihre biologischen Ansprüche und Bedürfnisse kaum mehr berücksichtigt. Das kann nicht im Sinne von Tierschutz und artgemäßer Vogelhaltung sein.

Ruhendes
Nymphensittichmännchen.

7 Empfehlungen für den Krankheitsfall

Trotz bester Pflege und Hygiene, trotz vielseitiger Ernährung und ausreichendem Platz- und Beschäftigungsangebot kommt es vor, dass gelegentlich ein Vogel erkrankt. Das erste Erkennungszeichen ist meist, dass er mit aufgeplustertem Gefieder und zurückgedrehtem Kopf auf einem Sitzast oder auf dem Volierenboden hockt und kaum von seiner Umgebung Notiz nimmt. Hinzutreten können weitere Krankheitsanzeichen wie z. B. wässriger und farbveränderter Kot, entzündete, geschwollene Augen und Nasenausfluss (siehe Abschnitt „Erwerb und Auswahl eines gesunden Vogels").

In einem solchen Fall ist zügiges Handeln oberstes Gebot. Der Vogel wird aus seiner Unterkunft herausgenommen und in einen Krankenkäfig überführt, in dem eine Rotlicht- oder Wärmelampe für eine höhere Temperatur sorgt. Der Vogel sollte allerdings stets die Möglichkeit haben, der Wärmelampe auszuweichen und selber zu entscheiden, in welchem Temperaturbereich er sitzen möchte. Statt Wasser erhält der Vogel ungesüßten Kamillentee und dazu leichte Kost, die er sonst gern zu sich nimmt, z. B. Kolbenhirse. Mit diesen Maßnahmen lassen sich leichte Erkältungs- und Durchfallerkrankungen oft erfolgreich behandeln. In allen anderen Fällen muss ein betroffener Vogel dagegen ohne Zeitverlust dem Tierarzt vorgeführt werden, der seinerseits geeignete Behandlungsmaßnahmen einleitet.

Es ist unmöglich, im Rahmen des vorliegenden Buches eine Abhandlung aller oder auch nur der häufigsten Sittichkrankheiten und ihrer Behandlungsmöglichkeiten zu bieten. Hier muss auf die entsprechende Fachliteratur verwiesen werden, die dies zudem bei weitem ausführlicher und kompetenter vermag, als es dem Autor möglich wäre.

Neben den älteren, deutschsprachigen Büchern über Vogelkrankheiten von Kronberger (1978) und Ebert (1978) liegen inzwischen auch einige neuere Werke vor. Kurz, knapp und leicht

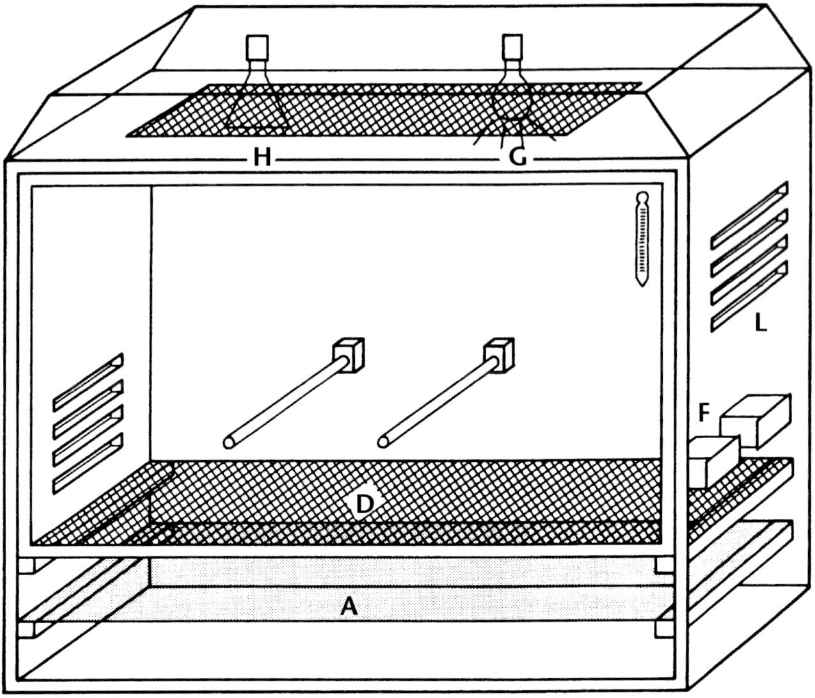

Krankenkäfig: A = Auffangtuch für Kot, D = Drahtrahmen, F = Futternäpfe, G = Glühbirne, H = Heizbirne, L = Lüftungsschlitze

Krankenkäfige sollten mit einer Wärmequelle, einem Thermostat und einem Thermometer ausgestattet und zudem leicht zu reinigen und zu desinfizieren sein (nach Brockmann & Lantermann 1985).

lesbar sind die Darstellungen von Hahn (1987) und Quinten (1998), recht umfangreich dagegen die zur Zeit wohl vollständigste deutschsprachige Monographie über Vogelkrankheiten von Gylstorff & Grimm (1998).

Die Lektüre derartiger Veröffentlichungen kann dem Vogelhalter in vielen Fällen dazu dienen, Erkrankungen der eigenen Pfleglinge zu erkennen und gegebenenfalls Haltungsfehler und Ernährungsdefizite zu korrigieren. Keinesfalls sollte sie aber dazu führen, die Selbstbehandlung eines Tieres einzuleiten. Ein Vogel, der offensichtlich oder vermutlich ernstlich erkrankt ist, gehört unverzüglich in die Hand eines Tierarztes, am besten eines speziell ausgebildeten Fachtierarztes für Zier- und Wildvögel, der die Diagnose stellt und Behandlungsvorschläge unterbreitet.

Dies gelingt ihm umso schneller, je ausführlicher der Papageienhalter die Krankheitssymptome zu beschreiben und aussagekräftige Hinweise auf die Haltung des Tieres zu geben vermag. Letzteres ist von besonderer Bedeutung, denn in der Mehrzahl der Fälle lassen sich Erkrankungen auf unzureichende Haltungsbedingungen bzw. auf eine fehlerhafte Ernährung zurückführen. Auch ein wenig Kot des erkrankten Tieres sollte beim Tierarztbesuch mitgenommen werden. Eine Kotuntersuchung kann hilfreich sein zur Bestimmung der im Darm lebenden Parasiten, die möglicherweise zu einer Beeinträchtigung der Gesundheit des Wirtes führen können.

Heute stehen dem Vogelmediziner eine Vielzahl diagnostischer Möglichkeiten und eine Anzahl speziell entwickelter Medikamente zur Behandlung von Ziervögeln zur Verfügung. Nichtsdestoweniger ist die Zier- und Wildvogelmedizin, die erst seit zehn bis 15 Jahren zunehmend vorangetrieben wird, eine relativ junge Disziplin an tierärztlichen Hochschulen. Dementsprechend steckt die Erforschung von Ziervogelerkrankungen teilweise noch in den Anfängen und ihrer Behandlung sind Grenzen gesetzt.

Die Empfehlung an einen Ziervogelhalter muss somit lauten, sich möglichst umfassende Kenntnisse in der Vogelhaltung und -pflege zu verschaffen, damit grobe Haltungsfehler vermieden und die Möglichkeit daraus entstehender Erkrankungen absolut gering gehalten werden können. Ebenso wichtig ist der „fachliche" Blick beim Erwerb eines Tieres. Artgemäß gehaltene und ohne nennenswerte Vorschädigungen erworbene Sittiche sind Grundvoraussetzung für eine langfristig problemarme Vogelhaltung, in der Krankheitsfälle zu den Ausnahmeerscheinungen gehören.

Nicht immer wird es möglich sein, aufgetretene Erkrankungen zutreffend zu diagnostizieren und/oder erfolgreich zu therapieren. So kommt es in beinahe jedem Bestand vor, dass gelegentlich auch einmal ein Tier nicht eines natürlichen Todes aufgrund von Altersschwäche stirbt. Dann empfiehlt es sich, den toten Vogel zur Feststellung der Todesursache an einen niedergelassenen Tierarzt oder ein veterinärmedizinisches Institut zur Obduktion weiterzuleiten. Die Kosten dafür sind in der Regel gut investiert, denn das Ergebnis kann möglicherweise Empfehlungen für die künftige Vermeidung ähnlicher Krankheitsbilder beinhalten.

Grundsätzlich gilt, dass der Auswahl gesunder Vögel beim Erwerb sowie einer hygienischen und artgerechten Haltung, verbunden mit einer ausgewogenen Ernährung, größtmögliche Bedeutung bei der Vermeidung von Krankheiten gehaltener Vögel zukommt. Hierzu zählt auch der Blick auf den psychischen Zustand der Tiere. Viele Tiere offenbaren erst einige Zeit nach dem Erwerb, dass sie aufgrund jahrelanger falscher Haltung, aufgrund von Einzelhaltung oder Fehlprägung durch Handaufzucht an psychischen Störungen leiden, über deren Genese, Diagnose und Therapiemöglichkeiten bis heute nur sehr begrenzte Kenntnisse vorliegen.

Für alle Erkrankungen der Papageienvögel gilt, dass eine spätere Therapie, die unter Umständen aufwändig, langwierig, kostenintensiv und am Ende vielleicht doch erfolglos verläuft, immer der schwierigere Weg ist.

8 Literaturverzeichnis

Aeckerlein, W.: Die Ernährung des Vogels. Stuttgart, 1986.

Albrecht, E.: Käfig- und Volierenbau – Praktische Anleitungen. Hamburg, 1989.

Allen, G. R. & C. Allen: Cockatiel Handbook. New Jersey, 1981.

Arnold, P. & R. Schöne: Australische Sittiche. Jena, 1985.

AZ-AGZ-Standard: Ausstellungsrichtlinien. Backnang, 1989.

Bezzel, E. & R. Prinzinger: Ornithologie. Stuttgart, 1990.

Brockmann, J. & W. Lantermann: Agaporniden. Stuttgart, 1985.

Delpy, K.-H.: Der Nymphensittich. Minden, 1972.

Delpy, K.-H.: Volieren. Minden, 1975.

Diefenbach, K.: Die systematische Stellung des Nymphensittichs. Gefiederte Welt, H. 2, S. 21–23, 1977.

Diefenbach, K.: Biologie und Ethologie des Nymphensittichs unter dem besonderen Aspekt seiner systematischen Stellung. Staatsarbeit, Universität Mainz, 1978.

Diefenbach, K.: Kakadus. Bomlitz, 1982.

Ebert, U.: Vogelkrankheiten. Hannover, 1978.

Forshaw, J. M.: Parrots of the World. London, 1989.

Geyer, S.: Ziervögel in der täglichen Praxis. Tierärztl. Praxis 1, S. 95–106, 223–232, 1973.

Grahl, W. de: Papageien unserer Erde, Bd. 1. Hamburg, 1974.

Grahl, W. de: Papageien – Lebensweise, Arten, Zucht. Stuttgart, 1985.

Gylstorff, I. & F. Grimm: Vogelkrankheiten. Stuttgart, 1998.

Hahn, U.: Vogelkrankheiten. Alfeld, 1987.

Homberger, D.: Funktionell-morphologische Untersuchungen zur Radiation der Ernährungs- und Trinkmethoden der Papageien. Bonn. Zool. Monographien 13, Bonn, 1980.

Hoppe, D.: Kakadus. Stuttgart, 1986.

Immelmann, K.: Die australischen Plattschweifsittiche, Wittenberg-Lutherstadt, 1976.

Immelmann, K. & D. Vogels: Die australischen Plattschweifsittiche. Magdeburg, 1994.

Kavanau, J. L.: Lovebirds, Cockatiels, Budgerigars: Behavior and Evolution, Los Angeles, 1987.

Kronberger, H.: Haltung von Vögeln – Krankheiten der Vögel. Stuttgart, 1978.

Lantermann, W.: Handbuch Papageien. Augsburg, 1994.

Lantermann, W.: Das „Bild vom Papageien" – Ursache inadäquater Haltungsbedingungen und Verhaltensstörungen. Ganzh. Tiermedizin 12, S. 133–135, 1998.

Lantermann, W.: Einfache Möglichkeiten zur Beschäftigungsförderung von Papageien. Gef. Welt 123, S. 10–13, 1999.

Lantermann, W.: Papageienkunde – Biologie, Verhalten und Haltung der Sittiche und Papageien. Berlin, 1999.

Loeding, W.: Nymphensittiche, Haltung – Pflege – Zucht. Stuttgart, 1979.

Low, R.: Das Papageienbuch. Stuttgart, 1989.

Myers, S. A., J. R. Milliam, T. E. Roudybush & C. R. Grau: Reproductive success of hand-reared vs. parent-reared Cockatiels *Nymphicus hollandicus*. Auk *105, S. 536–542, 1988.*

Pagel, Th.: Loris. Stuttgart, 1985.

Pfeffer, A.: Der Nymphensittich – Sittich oder Kakadu? Gef. Welt 121, S. 410–413, 1997.

Pinter, H.: Handbuch der Papageienkunde. Stuttgart, 1979.

Quinten, D.: Ziervogelkrankheiten. Stuttgart, 1998.

Radtke, G. A.: Nymphensittiche – Haltung, Zucht und Farbmutationen. Stuttgart, 1998.

Robiller, F.: Käfige und Volieren. Wiesbaden und Berlin, 1990.

Robiller, F.: Papageien, Bd. 1. Berlin, 1993.

Smith, G. A.: Systematics of parrots. Ibis 117, S. 18–68, 1975.

Smith, G. A.: The Encyclopedia of Cockatiels. London, 1978.

Sparks, J. & T. Soper: Parrots – a Natural History. London, 1990.

Stresemann, E. & V. Stresemann: Die Mauser der Vögel. Sonderheft J. Ornithol. 107, Berlin, 1996.

Strunden, H.: Papageien – einst und jetzt. Bomlitz, 1984.

Strunden, H.: Die Namen der Sittiche und Papageien. Bomlitz, 1986.

Welsch, H.: Die Beringung von Papageienvögeln. Pet-Magazin 2, S. 12–14, 1986.
Wolter, A.: Nymphensittiche. München, 1983.
Wolters, H. E.: Die Vogelarten der Erde, Hamburg und Berlin, 1975–1982.
Yamamoto, J. T. u. a.: Reproductive activity of forcepaired Cockatiels. Auk 106, S. 86–93, 1989.

Deutschsprachige Fachzeitschriften für Vogelhalter

AZ-Nachrichten, Backnang
Die Gefiederte Welt, Ulmer-Verlag, Stuttgart
Die Voliere, Schaper-Verlag, Hannover
Papageien, Arndt-Verlag, Bretten
Papageienkunde, Arndt-Verlag, Bretten
WP-Magazin, Arndt-Verlag, Bretten

9 Sachwortregister

T

V

W

Z

10 Abbildungsverzeichnis

Titelbild:
Corinna Conrad, Moers

Zeichnungen:
Sabine Drobik, Rottenburg-Oberndorf: Frontispiz 12, 17, 25, 29, 75, 76, 85, 91, 96, 97, 118

Fotos:
Corinna Conrad, Moers: 52, 66, 106, 133, 136
Dieter Hoppe, Esslingen: 26, 27, 110, 132
Werner Lantermann, Oberhausen: 18, 19, 35, 38, 39, 56, 57, 70, 74, 86, 87, 92, 99, 113, 115 o., 124, 125
Angelika Loose-Wagner, Marktoberdorf: 53, 71
Franz Pfeffer, Plattling: 94, 115 u., 116, 128, 129